Jacqueline van Maarsen

Meine Freundin Anne Frank

Aus dem Niederländischen von Stefanie Schäfer

Deutsche Erstausgabe

WILHELM HEYNE VERLAG
MÜNCHEN

HEYNE SACHBUCH
19/2060

Titel der niederländischen Originalausgabe:
ANNE EN JOPIE
Erschienen bei Uitgeverij Balans, Amsterdam

Umwelthinweis:
Dieses Buch wurde auf chlor- und säurefreiem Papier gedruckt.

Redaktion: Elvira Distler

Printed in Germany 1997
Umschlagillustration: Archiv für Kunst und Geschichte, Berlin
Umschlaggestaltung: Atelier Adolf Bachmann, Reischach
Satz: ew print & medien service gmbh, Würzburg
Druck und Verarbeitung: Ebner Ulm

ISBN 3-453-08323-7

Vorwort

Manche meiner Entdeckungen und Bemerkungen über Anne und ihr Tagebuch, die in diesem Buch vorliegen, wurden von anderen zitiert, ohne daß man die Quelle nannte. Dies ist unter anderem auch der Fall bei meiner Antwort auf die Frage: Wer ist Kitty, an die sich Anne in ihrem Tagebuch richtete?

Die Autorin

Mai 1986

Es wurde schon hell, als ich das große blaue Buch zuklappte. Die ganze Nacht lang hatte ich gelesen. Ich ging ans Fenster. Keine Soldaten, die Befehle brüllten. Eine ruhige Straße. Hoch oben am Himmel flog eine Möwe.

Jacque sagte immer zu mir: »Ich traue mich gar nicht mehr, irgendetwas zu tun, aus Angst, daß es verboten ist.« (Juli 1942)

Ich ging in die Küche, um mir eine Tasse Tee zu kochen, und besah mir die reichlichen Vorräte im Küchenschrank.

Ein halbes Pfund Tee kostet 350,– Gulden. (6. Mai 1944)

Mit dem Tee in der Hand ging ich zum Bücherschrank. Ich nahm ein Buch heraus: *Das Tagebuch der Anne Frank.* In Pappe eingebunden, das Papier alt und vergilbt. Die Art von Papier, die man zwei Jahre nach dem Krieg noch benutzte. Vorne im Einband klebte eine Karte: »Otto H. Frank – Mit freundlichen Grüßen!« 1947 hatte Herr Frank sie mir gebracht, die erste Ausgabe von Annes Tagebuch, dessen Herausgabe er mit viel Mühe erreicht hatte. Damals hatte ich das Buch auch in einem Zug durchgelesen. Und jetzt fiel mir wieder auf, wie die Heftigkeit und Lebenslust von Anne, an die ich mich von früher her erinnerte, bis zu den letzten Seiten mitschwangen. Auch ihr Glaube an das Gute im Menschen und an eine bessere Welt war in den Jahren, in denen sie eingeschlossen hinter festgenagelten Gardinen gelebt hatte, nicht verschwunden. Diesen Glauben habe ich früher mit ihr geteilt.

Annes Vater war 1980 gestorben. Er hatte alle Originaltexte von Anne dem niederländischen Staat vermacht, der sie wiederum an das Reichsinstitut für Kriegsdokumentation (RIOD) weitergegeben hat. Ein paar Monate später erschien in den Zeitungen die Meldung, daß dieses Institut den Plan gefaßt hatte, den vollständigen Text herauszugeben. Einen Teil dieses Textes kannte ich schon. Herr Frank hat ihn mir, viele Jahre nach dem Krieg übrigens, zu lesen gegeben. Ich wußte, was Anne über ihre Klassenkameraden und ihre Freundinnen geschrieben hatte. Es war nicht immer besonders schmeichelhaft. Herr Frank sagte damals auch zu mir: »Wer hätte das je von unserer Anne gedacht,« und meinte damit die Gedanken, die sie in ihrem Tagebuch in Worte gefaßt hat.

Es gab eine Passage in ihrem Tagebuch, da widerstrebte mir der Gedanke, daß sie veröffentlicht werden sollte. Ihr Vater hat mir diese Passage damals übrigens vorenthalten, aber ich habe sie in der englischen Ausgabe gefunden. Mein Name stand nicht in *The Diary of a young Girl*, aber ich wußte, daß es um mich ging, denn ich konnte mich an den Vorfall erinnern. Mir war nicht klar, wozu es notwendig sein sollte, all diese Intimitäten an die Öffentlichkeit zu bringen. Ich schrieb einen Brief an das RIOD, daß ich mit der Herausgabe nicht einverstanden sei.

Es war mir bekannt, daß Neonazis die Echtheit von Annes Aufzeichnungen anzweifelten. Die 1947 veröffentlichte Fassung der Tagebücher – *Das Tagebuch der Anne Frank* – enthielt nämlich nicht alle Aufzeichnungen von Anne. Aus verschiedenen Gründen wurden die Texte damals für die Publikation nicht vollständig übernommen. Außerdem hatte Anne mit einer Abschrift ihres Tagebuchs begonnen, mit der sie noch nicht fertig war, als sie damals im August 1944 verhaftet wurde.
Auf diese Weise war einige Verwirrung entstanden. Im Laufe der Jahre wurde die Authentizität von Neonazis bestritten; immerhin war es ein Beweis für den Holocaust. Herr Frank hat deswegen einige Prozesse geführt.
Dann las ich in der Zeitung, daß das RIOD die Handschrift von Graphologen untersuchen und Papier- und Tintenart analysieren lassen wollte. Es sollte eine wissenschaftliche Ausgabe werden, um die Authentizität von Annes Tagebuch zu belegen. Die Vollständigkeit der Texte würde deshalb von größter Bedeutung sein.
Ich schob meine Einwände beiseite. Ich war immer froh darüber gewesen, daß Anne nicht nur meinen Vornamen, sondern auch meinen Nachnamen geändert hatte, als sie ihr Tagebuch abschrieb, um es nach dem Krieg zu publizieren. Jetzt stimmte ich nach langem Zögern zu, meinen Mädchennamen, der auch im ursprünglichen Tagebuch stand, um der Echtheit willen zu nennen. Ich lieh dem

RIOD einige Dokumente mit Annes Handschrift. Eine Postkarte, die wegen der Briefmarke wichtig war, blieb sogar einige Jahre im Besitz des Instituts.
Das RIOD wollte die wissenschaftliche Ausgabe 1982 abgeschlossen haben, es wurde 1986 daraus.
Ich hatte sofort begonnen, darin zu lesen. Wieder fiel mir auf, wie ehrlich Anne sich selbst und anderen gegenüber gewesen war. Das war eine der Grundlagen unserer Freundschaft gewesen.
Als der Krieg vorbei war, wollte ich lieber nicht mehr an die schweren Kriegsjahre denken, aber durch Annes Tagebuch wurde ich fortwährend damit konfrontiert, und zwar immer stärker, je wichtiger das Tagebuch mit der Zeit wurde. Im Laufe der Jahre wurde es zu einem Bestandteil meines Lebens.
Während ich nun Annes vollständige Aufzeichnungen las, kamen Bilder aus dieser Zeit, die sich in mein Gedächtnis eingegraben hatten, wieder klar und deutlich zum Vorschein.

März 1943

Ihr werdet alle vergast! Ihr dürft nicht gehen, ihr müßt untertauchen,« hörte ich meine Mutter sagen. Mein Onkel fing sofort an zu schreien. Ja, ja, seine französische Schwägerin, die müßte natürlich wieder etwas Sensationelles erzählen. Sie hatten den Aufruf bekommen, sich bei der Hollandse Schouwburg zu melden, an dem Sammelplatz, von dem aus die Transporte nach Westerbork organisiert wurden. Sie hatten beschlossen zu gehen, denn wenn sie untertauchten und entdeckt würden, bekämen sie ein S auf ihren Personalausweis, und das würde dann etwas anderes bedeuten, als in einem deutschen Arbeitslager zu arbeiten. Als S-Fall bekäme man beinahe nichts mehr zu essen und müßte so hart arbeiten, daß man dabei umfallen würde. Nein, dann könnte man besser gleich gehen, fand mein Onkel.

Ich war, so schnell mich meine Beine tragen konnten, zum Tugelaweg gerannt. Als ich hineinkam, war mein Onkel damit beschäftigt, mit einer Zigarette Löcher in alle Möbel zu brennen: Die Deutschen sollten keine Freude an seinen Habseligkeiten haben. Das Wort »vergasen« verstand ich nicht, es ließ mich an Ungeziefer denken. Ich ging zu meiner jüngsten Kusine Meta. Wir achteten nicht mehr auf die streitenden Erwachsenen. Arm in Arm standen wir da und betrachteten die Brandlöcher in den Möbeln. Schade fanden wir das.

Ich hatte es prima gefunden, daß sie von Den Haag nach Amsterdam ziehen mußten, und wir hatten ein paar Monate lang viel miteinander gespielt. Die beiden älteren Schwestern von Meta waren schon weg: Die eine mit Mann und Baby und die andere, die, nachdem sie den Sammelaufruf bekommen hatte, noch schnell ihren Verlobten geheiratet hatte, um – nicht lange danach – gemeinsam mit ihm wegzugehen. Für den Nikolausabend* hatten die beiden jüngeren Mädchen ihren Eltern zum Trost geschrieben, in dem der Satz vorkam: »Auch wenn sie weit weg sind, Gott wird über sie wachen.« Jetzt standen die Rucksäcke auch für sie bereit. Abends sollten sie aufbrechen. Mein Vater weinte, als er seine Schwester umarmte. Ich lief schnell zur Tür hinaus.

Auf dem Weg nach Hause dachte ich traurig, daß ich nun schon wieder eine Spielkameradin weniger hatte. Nein, Anne brauchte nicht eifersüchtig zu sein, während sie in der Schweiz war. Ilse war schon lange weg, und in der neuen Schule hatte ich noch keine Freundinnen.

---

* 5. Dezember – ein wichtiger Festtag in den Niederlanden, vor allem für die Kinder, die Geschenke vom Hl. Nikolaus bekommen. Erwachsene und ältere Kinder schreiben Gedichte füreinander, und man beschenkt sich gegenseitig innerhalb der Familie und unter Freunden. An diesem Abend feierten die acht Versteckten zum ersten Mal das Nikolausfest mit Miep und Jan Gies im Hinterhaus. Sie stammten aus Deutschland und waren es deshalb nicht gewöhnt, diesen Abend zu feiern. Anne schrieb darüber in ihrem Tagebuch.

Nach den Weihnachtsferien war ich vom Jüdischen Lyzeum in das Mädchenlyzeum gekommen. Es war ungefähr so, als sei ich von einem anderen Planeten auf die Erde gefallen. Die Deutschen hatten die Juden in einem bestimmten Stadtteil konzentriert, und die Umsiedlung einer ganzen Bevölkerungsgruppe konnte für die, die es nicht wahrhaben wollten praktisch unbemerkt geschehen. Wegen der antijüdischen Bestimmungen, mit denen ich zwei Jahre lang konfrontiert worden war, hatte ich Minderwertigkeitsgefühle und Mühe, mich anzupassen. Ich blieb prompt sitzen und kam in eine andere Klasse, in der ich mich wohler fühlte und ein paar neue Freundinnen fand. Über das, was in den vergangenen zwei Jahren in meiner Umgebung vorgefallen war, sprach ich nicht, und würde auch noch jahrelang nicht darüber sprechen. Und das hatte unter anderem auch viel mit Anne zu tun, meiner Freundin, die später *Anne Frank* werden sollte.

Oktober 1941

Jacque, Jacqueline!« hörte ich jemanden hinter mir rufen. Ich fuhr nach meinem ersten Tag in der Realschule mit dem Fahrrad nach Hause. Ich sah mich um. Ein kleines, dürres Mädchen mit glänzenden schwarzen Haaren und einem spitzen Gesichtchen fuhr außer Atem neben mir her. »Mußt du auch in die Richtung?« fragte sie und zeigte auf die Berlagebrug. Als ich nickte, sagte sie in bestimmendem Ton: »Dann können wir in Zukunft immer zusammen nach Hause fahren. Ich wohne am Merwedeplein.« Und so geschah es.

Sie war bei mir in der Klasse. Ich hatte sie nicht sofort bemerkt und mußte sie nach ihrem Namen fragen. »Anne Frank«, sagte sie. Sie nahm mich sofort mit nach Hause, stellte mich ihrer Mutter und ihrer Schwester als neue Schulfreundin vor und gab ihrer schwarzen Katze etwas zu essen, die ihr schon miauend und schmusend um die Beine strich. Danach mußte sie mich noch schnell ihrer Oma vorstellen, die bei ihnen im Haus wohnte, und auch ihren Vater traf ich noch am selben Tag, denn Anne sagte nach einer Stunde, als ich zu Hause anrufen wollte, um Bescheid zu sagen, wo ich war: »Sag nur gleich, daß du hierbleibst und bei uns ißt.« Anne redete ununterbrochen, erzählte mir alles von ihren Freundinnen und ihrer früheren Schule und wollte auch von mir alles wissen. Wir waren beide auf einer Montessori-Schule gewesen, sie in der Niersstraat (die Schule heißt jetzt Anne-Frank-Schule), ich in der Corellistraat. Ich fand es bei Anne zu Hause sehr gemütlich und fühlte mich sofort wohl. Ihr Eifer und die Art, wie sie mit mir Freundschaft geschlossen hatte, gefielen mir gut.

Als Herr Frank nach Hause kam, nahm er sich viel Zeit, um mit mir zu sprechen. Ich erzählte ihm, daß ich anstatt ins Mädchenlyzeum zur Jüdischen Schule hatte gehen müssen, obwohl ich keine jüdische Mutter hatte, und warum. Er sah mich ernst an und sagte: »Darüber werde ich wohl mit deinen Eltern sprechen müssen.« Wenn ich an die Vorsichtsmaßnahmen meiner Mutter denke, nehme ich an, daß er es getan hat, obwohl mir nichts davon bekannt ist.

Inzwischen habe ich auf dem Jüdischen Lyzeum Jopie de Waal kennengelernt. Wir verbringen viel Zeit miteinander, und inzwischen ist sie meine beste Freundin. (15. Juni 1942 – DAS TAGEBUCH DER ANNE FRANK)*

Nach ein paar Tagen erklärte Anne, daß ich ihre beste Freundin sei und sie meine. Ich war damit einverstanden, obwohl ich die Konsequenzen nicht ganz überblickte. Es stellte sich heraus, daß sie sehr böse werden konnte, wenn ich dann und wann Kontakt zu anderen Mädchen hatte: Sie fand, das sei Verrat an unserer Freundschaft.

---

* In *Die Tagebücher der Anne Frank* (RIOD): Jacqueline von Maarsen

1920-1940

Meine Mutter wurde von der Direktion des Modehauses Hirsch am Leidseplein von Paris nach Amsterdam geholt, um dort die Haute-Couture-Abteilung zu leiten. Sie kaufte die Modelle und Stoffe selbst in Paris ein und entwarf außerdem auch selbst. Die Kunden von Hirsch sprachen Französisch, und sie strengte sich nicht sehr an, Niederländisch zu lernen. Sie war damit nicht weiter gekommen als »Der Soldat ist tapfer« und »Der Matrose ist stolz«, als sie meinen Vater kennenlernte. Er sprach so ausgezeichnet Französisch, daß sich meine Mutter schon in ihn verliebt hatte, bevor sie wußte, daß er Niederländer war. Sie flüchtete zurück nach Paris: Sie hatte nicht die Absicht, ihr ganzes Leben in den Niederlanden zu verbringen. Daß er Jude war, störte sie nicht. Ihren katholischen Glauben hatte sie mit achtzehn aufgegeben, als der Pfarrer begann, ihr indiskrete Fragen zu stellen. Weinend hatte sie auf dem Weg nach Hause »le salaud« gerufen und sich in der Kirche nicht mehr sehen lassen.

Mein Vater gab nicht so schnell auf, folgte ihr und verlegte seinen Im- und Exporthandel nach Paris. Bevor sie heirateten, nahm meine Mutter jüdischen Unterricht und wurde Jüdin. Sie erzählte es allerdings nicht ihren Eltern, denn obwohl diese sehr eingenommen waren von ihrem jüdischen Schwiegersohn, wäre ihnen dies wohl doch etwas zuviel gewesen.

Meine Schwester wurde in Paris geboren, aber ein Jahr später hatte meine Mutter genug vom Hausfrauendasein. Mein Vater wollte sein Geschäft doch lieber in den Niederlanden weiterführen und meine Mutter sah die Möglichkeit, in Amsterdam einen eigenen Haute-Couture-Salon zu eröffnen. Als sie dort angekommen waren, kündigte sich ein zweites Baby an. Das brachte zwar die Pläne meiner Mutter durcheinander, aber nichtsdestotrotz wurde ich im Januar 1929 geboren. Da meine Mutter tagsüber arbeitete, war für die Versorgung ihrer Töchter tagsüber ein Kindermädchen im Haus. Mein Vater kümmerte sich intensiv um unsere Erziehung. Er beschäftigte sich eingehend mit der Montessori-Erziehung, die gerade aufkam, und schickte uns auf die erste Montessori-Schule in der Corellistraat. Dort waren in den dreißiger Jahren die Klassen überfüllt mit Kindern, die zusammen mit ihren Eltern aus Nazi-Deutschland geflüchtet waren. Der Montessori-Unterricht eignete sich für Kinder, die die Sprache nicht konnten, besser als der Unterricht in Klassen. Die Kinder paßten sich gut an, und vor allem die in meinem Alter, die schon 1933 gekommen waren, lernten schnell ein akzentfreies Niederländisch.

1937 zogen wir vom Willemsparkweg in die Albrecht Dürerstraat. Auf einem Stückchen Brachland an der Cliostraat, in der Nähe unseres Hauses, wurden neue Häuser gebaut. Als sie fertig waren, zog dort ein Mädchen ein. Ich spielte Ball, und auf einmal kam sie auf mich zu und fragte: »Kannst du mit zwei Bällen spielen?« Ich hatte schon gesehen, daß sie herüberschaute, war aber selber nicht so kontaktfreudig. Ich fand es aber nett, daß sie mich ansprach, und wir wurden Freundinnen. Eines Nachmittags ging sie mit mir zu den Pfadfindern. Danach besuchten wir noch ihre Oma, die dort in der Nachbarschaft wohnte. Ihre ältere Schwester war auch da. Als Bertie sagte, daß sie zu den Pfadfindern wollte, verkündete ihre Schwester: »Ich werde Mitglied im Jugendsturm.« Ihre Oma, die Mutter ihrer Mutter, wurde wütend und schrie die Schwester fürchterlich an. Mir war natürlich sehr wohl klar, worum es im Jugendsturm ging, und ich wußte nicht, wie ich mich Bertie gegenüber verhalten sollte, die ich sehr mochte. Kurze Zeit später sah ich ihre Schwester tatsächlich mit dem orange-schwarzen Jugendsturmkäppi herumlaufen, und auch ihr Bruder wurde Mitglied. Bertie nicht, aber sie kam auch nicht zu den Pfadfindern, die aufgelöst wurden, weil inzwischen der Krieg ausgebrochen war. Ihr Vater war dann recht schnell in der schwarzen Uniform der Nationalsozialistischen Bewegung (NSB) zu sehen.

Im April 1940, nachdem die Deutschen in Dänemark einmarschiert waren, hatte ich aus Lehm eine Puppe gemacht. Ich bildete mir ein, daß sie eine Art magischer Kraft hätte, die die Deutschen daran hindern würde, die Niederlande zu überfallen. Am 10. Mai war es dennoch soweit. Wir hörten nachts Flugzeuge über uns hinwegfliegen, und meine Eltern saßen schon ganz früh am Morgen vor dem Radio. Familienangehörige und Bekannte kamen den ganzen Tag über bei uns vorbei und es wurde aufgeregt geredet. Ich fing ab und zu etwas von den Gesprächen auf, unter anderem von »mit dem Schiff nach England flüchten«. Ein paar Mal am Tag gab es Fliegeralarm, und dann saßen wir im Keller unter dem Haus, bis Entwarnung gegeben wurde. Alle klebten Packpapierstreifen an die Fenster, und meine Schwester und ich hamsterten einen Schuhkarton voller Süßigkeiten, der allerdings einen Monat später schon wieder leer war. Nach fünf Tagen kapitulierten die Niederlande, und am nächsten Tag hörten wir, daß unser jüdischer Bäcker, der vor einigen Jahren aus Deutschland in die Niederlande geflohen war und jeden Tag mit seinem Karren vorbeikam, zusammen mit seiner ganzen Familie Selbstmord begangen hatte. Wir Kinder wurden soweit wie möglich aus allem herausgehalten, aber wir spürten die angstvolle Spannung der Erwachsenen. Mein Lehmpüppchen warf ich ins Wasser der Reynier Vinkeleskade.

Der Salon meiner Mutter verlor durch den Kriegszustand immer mehr Kunden und schließlich mußte sie ihn ganz aufgeben, weil die nichtjüdischen Ateliermädchen nicht mehr bei ihr arbeiten durften. Auch Rika, das Dienstmädchen, das schon seit Jahren bei uns war, mußte gehen.

Mein Vater fing an, ein bißchen mit alten Büchern und Drucken zu handeln, die er schon jahrelang liebte und sammelte. Meine Eltern sahen voraus, daß sie schon bald die hohe Miete in der Albrecht Dürerstraat nicht mehr würden bezahlen können. Ein großer Teil der schönen antiken Möbel wurde verkauft, und im September zogen wir um in die Hunzestraat, so daß sich auch das Problem mit Bertie von selbst löste.

Im Februar 1941 mußten sich die Juden registrieren lassen. Meine Mutter wurde von den Deutschen nicht als Jüdin betrachtet. Sie hatte vier »arische« Großeltern. Diejenigen, die zwei jüdische Großeltern hatten, mußten sich auch registrieren lassen, fielen aber noch nicht unter die antijüdischen Bestimmungen, die seit dem Beginn der Besatzung von den Deutschen erlassen worden waren, es sei denn, sie waren bei einer jüdischen Gemeinde eingeschrieben. Das war bei meiner Schwester und mir der Fall. Als meine Eltern aus Paris zurückgekommen waren, hatte mein Vater nämlich viel Mühe darauf verwendet, seine Frau bei der jüdischen Gemeinde in Amsterdam als Jüdin anerkennen zu lassen. Es war nicht einfach gewesen, aber 1938 war es ihm endlich gelungen. Nun konnten meine Schwester und ich bei der jüdischen Gemeinde eingeschrieben werden: Wir hatten jetzt schließlich nach jüdischem Gesetz eine jüdische Mutter.
So kam es, daß meine Schwester und ich von den Nazis auch als Jüdinnen betrachtet wurden, und diese Geschichte erzählte ich auch Herrn Frank, als ich ihn das erste Mal traf.

Der Beginn

Vor dem Krieg ging ich jeden Sonntagmorgen mit meinem Vater in das Kino »Cineac« in der Reguliersbreestraat. Ich mochte gerne *Die kleinen Strolche, Popeye* und andere Zeichentrickfilme. Den chaotischen Szenen in *Dick und Doof* und dem Werfen mit Torten konnte ich nicht soviel abgewinnen, und wenn ich einen gewissen Adolf Hitler sah und hörte, befiel mich ein Gefühl des Unbehagens. Mein Vater ging zweifellos ins Kino, um die Wochenschau zu sehen. Er machte sich sicherlich Sorgen darüber, was in Deutschland passierte, tröstete sich aber mit dem Gedanken, daß Deutschland weit weg war. Es war für ihn undenkbar, daß die Deutschen die Niederlande besetzen würden, und als es dann soweit war, konnte er sich, wie viele andere, nicht vorstellen, daß das alles lange dauern würde. Diesen Optimismus teilte ich gerne mit ihm.

Zu dieser Zeit besuchten uns regelmäßig jüdische Bekannte, die aus Deutschland geflüchtet waren. Ich fing hin und wieder etwas aus den Gesprächen auf, wodurch mir zwar sehr wohl klar wurde, daß alles, was in Deutschland passierte, sehr schlimm war, was aber genau vorging, begriff ich nicht. Man erzählte uns nichts und ich fragte nicht weiter. In der Zeitung las ich nur Bruintje der Bär. Der Abstand zwischen Kindern und Erwachsenen war sehr groß und ich erwartete, daß sie das Chaos, das sie verursachten, auch selbst wieder in Ordnung bringen würden.

Ich habe keine persönlichen Erinnerungen an Antisemitismus vor dem Krieg. Antisemitische Beschimpfungen, von denen man mir später erzählte, habe ich selbst nicht miterlebt. Meinen dunklen Typ brachte man mit meiner französischen Abstammung in Verbindung, außerdem habe ich die blauen Augen meines Vaters.

Nachdem die Deutschen in die Niederlande eingefallen waren, schien zunächst alles ganz normal weiterzugehen. Anfang 1941 erlebte ich allerdings etwas, wovon ich zunächst dachte, daß es nur ein Zwischenfall sei, was sich aber bald als der Beginn der Judenverfolgungen in den Niederlanden herausstellte.

David

Mein Vater hatte zwei Schwestern. Die ältere wohnte mit ihrem Mann und ihren vier Töchtern in Den Haag. Ihre jüngste Tochter, Meta, war genauso alt wie ich. Wir verstanden uns gut und besuchten uns häufig in den Ferien. Deetje war auch oft dabei, sie war die Tochter der jüngeren Schwester meines Vaters und wohnte in Amsterdam. Sie war ein Jahr jünger als ich. Außer seinen Schwestern hatte mein Vater noch drei Brüder.

Bei Deetje zu Hause feierten wir jedes Jahr den Seder, die Erinnerung an den Auszug der Juden aus dem Ägypten der Pharaonen vor Tausenden von Jahren. Obwohl man am Sederabend immer furchtbar lange auf seinem Stuhl sitzenbleiben mußte, fand ich es doch immer gemütlich. Ich saß dann neben meiner Kusine, und ab und zu flüsterten wir heimlich miteinander. Sie hatte jüdischen Unterricht und konnte alles gut verstehen. Ich konnte die hebräischen Buchstaben in dem kleinen Buch, in dem gelesen wurde, nicht entziffern, fand es aber interessant, daß man die Schrift von hinten nach vorne lesen mußte. Ich las die Geschichte auf Niederländisch mit, wie sie neben dem hebräischen Text stand, und sah mir die Bilder an.

Auf einem Bild war ein Mann in einer langen schwarzen Jacke zu sehen, der die Arme ausgebreitet hatte und dadurch das Meer teilte. Die Juden hatten so freien Durchgang, und nachdem sie alle durch das Meer gezogen waren, schloß es sich wieder, gerade in dem Moment, als die Verfolger ankamen. Die Vorhut sah man sogar schon ins Meer stürzen. So wendete sich doch noch alles zum Guten. Wir durften auch mit unserem kleinen Finger Wein auf das weiße Tischtuch spritzen, und zu einem bestimmten Zeitpunkt wurde die Tür aufgemacht, weil der Prophet hineinkommen könnte. Er kam allerdings nie. Zwischendurch aßen wir leckere Gemüsesuppe, die meine Tante gekocht hatte. Am Ende des Abends, wenn wir Kinder schon beinahe eingeschlafen waren, wurden Lieder gesungen. Mit der Zeit kannte ich die Melodien dieser Lieder, konnte sie aber nicht mitsingen, weil ich den hebräischen Text nicht lesen konnte.

In späteren Jahren war auch Deetjes Cousin David dabei. Er war ungefähr fünf Jahre älter als wir und ging auf die Pädagogische Hochschule. David sollte nach Palästina gehen. Sein Vater war gestorben, seitdem kam er mit seiner Mutter und seiner Schwester auch zu meinem Onkel und meiner Tante zum »Sedern«. Von da an leitete er den Seder. Obwohl er noch so jung war, hatte er seit dem Tod seines Vaters die Aufgaben des Familienoberhauptes übernommen und unterstützte seine Mutter so gut er konnte. Er alberte immer mit uns herum, und wir fanden ihn nett. Er kam auch dann und wann zu uns nach Hause und bekam von meiner Mutter Tee aus einem extra für ihn bestimmten Glas mit silberner Fassung. David hielt sich an die jüdischen Speisegesetze. Die silberne Fassung steht nun bei mir im Schrank – das Glas ist kaputtgegangen.

An einem Frühlingstag im Jahre 1941 kam mich Deetje von zu Hause abholen. Sie sagte, sie ginge zu ihrer Tante und fragte, ob ich mit ihr mitgehen wollte. Ich wußte, daß David schon eine Weile weg war. Er war in der Nähe des Waterlooplein von den Deutschen aufgegriffen worden. Seine Mutter hatte zwar noch die kurze Nachricht von ihm erhalten, daß er auf dem Weg nach Deutschland sei, um dort zu arbeiten, hatte dann aber nichts mehr von ihm gehört. Ich weiß nicht, ob Deetje wußte, was uns bei ihrer Tante erwartete, und mich deshalb gerne bei sich haben wollte. Ich habe sie nicht mehr danach gefragt. Als wir hineinkamen, sah ich auf dem Tisch einen Zettel liegen, auf dem ich Davids Namen und »gestorben« und »Mauthausen« las. Auf der Bank lag Davids Mutter und weinte mit lauten Schluchzern. Ich erinnere mich daran, daß Deetje ein Glas Wasser aus der Küche holen ging. Ich selbst blieb stehen und schaute wie erstarrt Davids Mutter an. Nie habe ich dieses Bild der Trauer vergessen. Es hat sich in mein Gedächtnis eingegraben, so wie viele andere Bilder aus dieser Zeit.
Dieses Ereignis fand während meines letzten Jahres auf der Montessorischule statt. Am Jahresende erfuhr ich, daß ich auf das Mädchenlyzeum kommen sollte, ohne eine Aufnahmeprüfung machen zu müssen.

Diskriminierung

Im Mai 1941 hatten auch für mich die ersten unangenehmen Erfahrungen begonnen.

Ich war in einem Schwimmverein, weil ich Tauchen lernen wollte. Eines Nachmittags stand die ganze Gruppe am Rand des Schwimmbeckens, als das Fräulein, das uns trainierte, sagte, es täte ihr schrecklich leid, aber die jüdischen Kinder dürften nicht mehr ins Schwimmbad. Ein paar Kinder, darunter ich, lösten sich aus der Gruppe und schlichen davon; die anderen starrten uns hinterher, jedenfalls glaubten wir das in unserem Gefühl der Erniedrigung.

An einem der letzten Tage des Schuljahres wurden die jüdischen Kinder zum Direktor der Schule gerufen: Den Kindern aus der Abschlußklasse wurde mitgeteilt, daß an der Schule, auf die sie gehen sollten, keine jüdischen Kinder mehr erlaubt waren. Als ich nach der Schule noch mit zwei Mädchen, die dasselbe erfahren hatten wie ich, zusammenstand und mich unterhielt, bedrängte uns eine Gruppe von Jungen, die leise riefen: »Ju-den, Ju-den«. Sie jagten uns Angst ein, und wir rannten weg.

In den Ferien machte ich mit der Freundin, mit der ich auf

das Mädchenlyzeum hätte gehen sollen, zwar noch Fahrradtouren in die Umgebung von Amsterdam, aber als im September für sie die Schule begonnen hatte, trafen wir uns nicht mehr. Außerdem wurde kurz danach die Anordnung erlassen, daß Juden nicht mehr zu Nicht-Juden in die Wohnung kommen durften. Wir hatten sechs Jahre lang jeden Mittwoch zu Hause miteinander gespielt. Fünfundvierzig Jahre später las ich:

U.a. erzählte ich ihm die Geschichte von Jacque, und daß Mädchen so starken Jungen gegenüber wehrlos sind. (23. März 1944)*

Ich wußte nicht mehr, daß ich sie Anne erzählt hatte, diese »Geschichte«, die mir ein paar Monate, bevor ich sie kennenlernte, passiert war. Während einer unserer Fahrradtouren hatten Adrie und ich uns am Buitenveldertse Wandelweg kurz unten an einen kleinen Deich gesetzt. Adrie ging Blumen pflücken, und ich las. Auf einmal kamen zwei große Jungen auf mich zu. Sie drückten mich auf den Boden und versuchten, mich zu küssen. Ich schlug um mich und biß zu. Sie wurden wütend: »Verdammt!« Adrie kam angelaufen. Ich sehe sie noch oben auf dem kleinen Deich stehen: Die Blumen in der Hand, mit überraschtem Blick auf den Tumult, in den ich geraten war. Als sie sahen, daß ich nicht alleine war, verschwanden die Jungen schnell. Mein Kleid stand offen. Ich machte die Druckknöpfe zu. Adrie und ich schauten uns an und wir

---

* Peter van Pels

brachen in schallendes Gelächter aus. Dann fuhren wir schnell nach Hause.
Diese Geschichte hatte Anne anscheinend beeindruckt!

Das Jüdische Lyzeum mußte erst eingerichtet werden, und deshalb fing die Schule erst im Oktober an. Zur Realschule zu gehen war ein großes Ereignis für mich. Ich bekam eine Menge neuer Bücher, die sauber eingebunden und mit Etiketten beklebt werden mußten. Ich war wieder einigermaßen ausgesöhnt mit den neuen Umständen. Ich verdrängte alle unangenehmen Vorfälle und fing munter das neue Schuljahr an, das durch die Freundschaft mit Anne eine ganz besondere Bereicherung werden sollte.

Anne

Anne und ich hatten dieselben Interessen. Wir waren sehr lerneifrig und machten zusammen Hausaufgaben, was eigentlich darauf hinauslief, daß ich ihr bei Mathematik half. Während sie weiter an ihren Hausaufgaben saß, beschäftigte ich mich meistens in ihrem Beisein mit anderen Dingen, denn für Mathematik und Sprachen brauchte ich nie viel zu tun und ich fand es unsinnig, für Geschichte und Erdkunde zu lernen, wo man doch alles nachschlagen konnte. Dafür bekam ich in diesen Fächern auch schlechte Noten, während die eifrige Anne darin glänzte.

Im darauffolgenden Winter verbrachten wir eine herrliche Zeit zusammen. Wir lasen dieselben Bücher, wobei vor allem *Joop ter Heul* von Cissy van Marxveldt* eine große Rolle spielte. Wir wurden nicht müde, uns Szene für Szene vorzulesen und lachten immer wieder darüber. Ich hat-

---

* Bis zum Zweiten Weltkrieg war Cissy van Marxveldt (1889–1948) die am häufigsten gelesene Autorin von Mädchenbüchern in den Niederlanden; ihr größter Erfolg war »De HBS-tijd von Joop ter Heul« (zu deutsch: »Die Schulzeit von Joop ter Heul«). In diesem Buch schrieb sie als erste Autorin in den Niederlanden über Erlebnisse in der Schule, die nicht brav und langweilig waren. Es folgte dann eine ganze Serie von »Joop ter Heul«-Büchern.

te von meinem Vater *Die schönsten Sagen des klassischen Altertums* bekommen. Anne fand vor allen Dingen die Bilder sehr schön und wünschte sich das Buch zum Geburtstag. Weil es ein geheftetes Buch war, ließ sie es gleich einbinden. Mit meinem Exemplar tat ich das nicht, und nun liegt es auch auseinandergefallen in einer Schachtel.

So bekam ich [...] etwas Geld, so daß ich mir Die schönsten Sagen des klassischen Altertums *kaufen kann, prima! (14. Juni 1942 – DAS TAGEBUCH DER ANNE FRANK)*

Wir spielten allerlei Spiele, wobei wir am liebsten Monopoly mochten (auch das liegt noch bei mir in einem Schrank) und oft spielten auch unsere Schwestern mit oder Sanne und Lies, Schulfreundinnen von Anne aus der Grundschule, oder neue Klassenkameradinnen. Anne benahm sich immer etwas eigenartig meiner Schulfreundin gegenüber, die mit mir von der Grundschule gekommen war. Sie wohnte ein Stück weit weg, und als wir später unsere Fahrräder abgeben mußten, trafen wir uns außerhalb der Schulzeit nicht mehr oft. Später las ich verwundert:

Sie hat Jacque sehr vereinnahmt, und das ist sehr schade. (15. Juni 1942)

Ein anderes Mädchen, Ilse, hatte zu Hause eine Tischtennisplatte. Dort spielten wir oft Tischtennis und im Laufe des Jahres gründeten wir einen Verein.

Susanne Ledermann ist unsere Vorsitzende, Jacqueline van Maarsen Sekretärin, Elizabeth Goslar, Ilse und ich sind die anderen Mitglieder. (20. Juni 1942)

Meine Sammlung von Filmstarbildern war viel kleiner als die von Anne – meine einzigen Idole waren Deanne Durbin und Shirley Temple, während Anne auch viele UFA-Stars hatte – und wir waren stundenlang damit beschäftigt, ihre Sammlung zu sortieren und weiter zu vervollständigen. Ich sammelte Postkarten, und Anne fand auch Gefallen daran. Wir tauschten Karten, und da meine Sammlung größer war, schenkte ich ihr auch einige Exemplare, wenn sie ihr sehr gefielen.

Gott sei Dank hat Vater meine ganze Filmstarsammlung und meine Postkarten vorher schon mitgenommen und ich habe, nachdem ich mit einem Leimtopf und einem Quast die ganze Wand bestrichen habe, aus dem Zimmer ein einziges großes Bild gemacht. (11. Juli 1942 – DAS TAGEBUCH DER ANNE FRANK)

Da ich wußte, daß Anne schöne Kleider mochte, las ich ihr einmal einen Zeitungsausschnitt von vor dem Krieg über ein Abendkleid vor, das im Atelier meiner Mutter gefertigt worden war. Meine Mutter hatte den Artikel zusammen mit einem Brief der Kundin aufgehoben, weil eine Anekdote mit diesem Kleid verknüpft war. Meine Mutter hatte die Farbe des Kleides gegen den Willen der Kundin durchgesetzt. Aus der Haagse Post vom 4. Januar 1930: »Eine der auffallendesten Damen unter den Gästen des Weihnachtsdiners war Frau van H.-B. aus Aerdenhout, die in einem bildschönen Kleid aus goldener Spitze erschien, das in der Farbe wunderbar zu ihrem rotblonden Haar paßte.« Auch alle anderen Abendkleider wurden dort beschrieben, und wir träumten von »nach dem Krieg«, wenn wir auch in solchen »bildschönen Kleidern« erscheinen würden. Unsere Vorbilder waren dabei natürlich die Heldinnen aus den Büchern von Cissy van Marxveldt. Bis dahin gaben wir uns mit den Feiern zufrieden, die Anne auf die Beine stellte. Es wurden Filme ausgeliehen und die Jungen und Mädchen, die gerade in ihrer Gunst waren, lud Anne zu sich nach Hause ein. Ich half ihr bei der Organisation und den Einladungen. So auch an dem Sonntag nach ihrem dreizehnten Geburtstag.

Am Sonntagnachmittag war meine Geburtstagsparty. Wir haben einen Film gesehen, Der Leuchtturmwärter mit Rin-Tin-Tin, der meinen Klassenkameraden und -kameradinnen sehr gut gefallen hat. Es sind viele Jungen und Mädchen gekommen. (15. Juni 1942 – DAS TAGEBUCH DER ANNE FRANK)

Auch andere Kinder organisierten solche Nachmittage. Jüdische Kinder durften nicht mehr in die offiziellen Kindervorstellungen und ins Kino gehen. Später im selben Jahr, als Anne schon weg war, bin ich noch einmal in einer Kabarettvorstellung von zwei jüdischen Kabarettisten, Johnny & Jones, gewesen, die nur für Juden bestimmt war. Da die Deutschen bei Veranstaltungen, bei denen viele Juden anwesend waren, regelmäßig Razzien durchführten, hatte ich von meinen Eltern nur mit Mühe die Erlaubnis bekommen, dorthin zu gehen.

Als es Frühling wurde, saßen wir regelmäßig auf dem »Plätzchen«, dem Flachdach hinter dem Zimmer im Obergeschoß bei Anne zu Hause, in der Sonne. Dort erzählten wir uns allerlei Geheimnisse.

Schneide sie also genau so in kleine Schnipsel, wie wir es damals auf dem Dach mit dem Zettel aus Mutters Schachtel gemacht haben. (25. September 1942)

Sie war sehr neugierig, was die sexuellen Beziehungen zwischen Mann und Frau anging, und horchte ihren Vater darüber aus. Er erfand hin und wieder Ausreden, die sie auch mir gegenüber anwandte, und über die ich lachen mußte, aber ich konnte sie doch einigermaßen aufklären, weil mir meine Schwester schon ein paar Jahre zuvor das Notwendigste erklärt hatte:

Daß Kinder nicht aus dem Bauch kommen, habe ich auch von Jacque, die sagte einfach: »Wo das Zeug 'reingeht, kommt das Produkt auch fertig wieder 'raus!« (18. März 1944)

Ihre Neugier war damit allerdings noch lange nicht befriedigt, sie kam immer wieder mit anderen Geschichten an, die sie allen möglichen Leuten aus der Nase gezogen hatte, und zu denen sie den Rest hinzuphantasierte. Zugleich fand sie es wichtig, ihrerseits andere sexuell aufzuklären, unter anderem den jüngsten Jungen aus der Klasse, der mit ihr zur Grundschule gegangen war. Das gab ihr das Gefühl, erwachsen zu sein, was sehr wichtig für sie war. Ihre Schwester Margot war ein paar Jahre älter als sie, und Anne wurde zu Hause als die Kleine betrachtet, die einem oft ganz schön auf die Nerven gehen konnte. Sie rebellierte, wenn man sie nicht ernst nahm. Eines Tages kam sie sehr wütend zu mir, nachdem sie mit ihrer Mutter und Margot beim Zahnarzt in der Jan Luykenstraat gewesen war: Margot ging mit ihrer Mutter noch ein wenig einkaufen und Anne durfte nicht mit. Sie war vor allen Dingen sehr böse auf ihre Mutter und eifersüchtig auf Margot. Ich fand, daß Margot und ihre Mutter immer sehr lieb zu ihr waren und viel Geduld mit ihr hatten, und das sagte ich auch, aber es half nichts und Anne blieb böse.

In diesem Sommer gingen wir oft zu einem jüdischen Eissalon, Oase, der nicht weit von uns zu Hause entfernt war, und den nur Juden betreten durften. Dort trafen wir immer ein paar Bekannte. Anne fand es toll, den Jungen hinterherzulaufen und bildete sich ein, daß sie alle Verehrer von ihr seien. Von dieser Verehrung merkte ich nicht sehr viel, aber sie haben sie bestimmt nett gefunden, denn sie war fröhlich und lebendig. Mit einem der Jungen ging sie öfter zusammen spazieren. Ich neckte sie wegen ihm.

Meine Freundin Jacque zieht mich immer wegen Hello auf. (3. Juli 1942)

Ich wußte aber, daß sie nur ein bißchen flirtete und es nichts Ernsthaftes war. Sie wollte alles erleben.
Obwohl wir total verschiedene Charaktere hatten, blieben wir »beste Freundinnen«, und darauf hat Anne sowohl mündlich als auch schriftlich immer besonderen Wert gelegt. Als ich mein Poesiealbum von ihr zurückbekam, nachdem sie ein Gedicht für mich hineingeschrieben hatte, war ich gerührt von der kleinen, persönlichen Note, die sie dem übrigens häufig gebrauchten Vers gegeben hatte:

Amsterdam den 23. März 1942

Liebe Jacque,
Bleib immer ein Sonnenstrahl,
In der Schule ein braves Kind.
Für mich meine liebste Freundin,
Dann wirst du von Allen geliebt.

Zur Erinnerung an deine Freundin
Anne Frank

In ihrem Abschiedsbrief an mich schrieb sie später:

P.S. Ich hoffe, daß wir bis zu unserem Wiedersehen „beste“ Freundinnen bleiben. (25. September 1942)*

Sie akzeptierte im Grunde nicht, daß ich auch einmal zu einer anderen Freundin ging, aber mit der Zeit begann ich, Annes strenge Regeln zu übertreten und mich hin und

* Anführungszeichen und Unterstreichung von Anne

wieder auch mit Ilse zu verabreden. Das alles geschah ein paar Wochen bevor Anne für immer aus meinem Leben verschwand, aber das konnten wir damals noch nicht wissen.

»Jacque ist auf einmal ganz begeistert von Ilse und beginnt sich mir gegenüber ziemlich albern und kindisch.« (19. Juni 1942)

»Sie war einfach eifersüchtig«, sagte ihr Vater zu mir, als ich mich darüber wunderte, diese und ähnliche Passagen in Annes Originaltagebuch zu finden, das er mir fast dreißig Jahre später zu lesen gab. Er hatte mir diese Bemerkung seiner Tochter vorenthalten und sie auch damals zur Veröffentlichung ungeeignet gefunden, als er die erste Ausgabe von »Das Tagebuch der Anne Frank« vorbereitet hatte. Ich stimmte seinen Worten zu, erzählte aber keine weiteren Einzelheiten. Anne verstand auch nicht, daß ich nicht immer Menschen um mich haben mußte, sondern auch ab und zu alleine lesen oder zeichnen wollte. Sie mußte immer jemanden um sich haben, mit dem sie reden oder spielen konnte, sonst langweilte sie sich:

Samstagabend hat Jopie bei mir übernachtet, aber am Sonntagnachmittag war sie bei Lies, und ich habe mich zu Tode gelangweilt. (30. Juni 1942 – DAS TAGEBUCH DER ANNE FRANK)

Obwohl wir oft zusammen waren, gingen wir beinahe nie gemeinsam zur Schule, denn ich war immer sehr spät dran

und wollte mich nicht dazu verabreden, sie abzuholen, aber für den Rest des Tages waren wir unzertrennlich.
Mit schöner Regelmäßigkeit wollte Anne, daß ich bei ihr übernachtete, oder sie lud sich bei mir ein. Am Tag vor meinem Geburtstag wollte sie auch bei mir schlafen. Dann könnte sie mir als Erste gratulieren und mir mein Geschenk geben. Meistens nahm sie einen Koffer mit, in dem alles war, was man für eine Übernachtung brauchte, natürlich auch ein Kulturbeutel mit Lockenwicklern, Haarbürste und Frisierumhang darin. Sie machte aus allem etwas Besonderes. Nie mehr habe ich jemanden gekannt, der das Leben so in vollen Zügen genoß wie meine Freundin Anne.
Ich war froh über ihre herzliche Zuneigung und schenkte ihr soviel wie möglich von meiner Freundschaft. Das war manchmal schwierig für mich, denn ich hatte eine zurückhaltende Art und wußte manchmal nicht, wie ich mit ihren extravertierten Freundschaftsbeweisen und ihrer Schwärmerei umgehen sollte. Während einer unserer Übernachtungen brachte sie mich schon sehr in Verlegenheit. Sie schrieb selbst darüber:

Ich fragte Jacque, ob wir als Beweis für unsere Freundschaft unsere Brüste berühren sollten. Jacque weigerte sich. (5. Januar 1944)

Sie fand es nicht nett von mir, daß ich nicht auf ihren Vorschlag einging, aber als sie mir ein Küßchen auf die Wange geben durfte, war sie wieder zufrieden, obwohl ich das auch viel zu schwärmerisch fand. Es war vor allem ihre

Neugier, die ich zähmen wollte. Sie fand Brüste sehr interessant, arbeitete selber mit Watte und einem BH von Margot und hatte entdeckt, daß ich diese Kniffe nicht nötig hatte.

Trotzdem kam durch diese Sache wieder mehr Offenheit in unsere Freundschaft. Ich hatte ihr auf meine Weise deutlich gemacht, wo meine Grenzen lagen, und sagte ihr nun auch, daß sie mir etwas mehr Freiheit lassen müsse. Schließlich ging sie ja auch mit Hello spazieren.
Inzwischen wußte ich allerdings ganz genau, das muß ich nach so vielen Jahren ehrlich zugeben, daß Hello für mich keine Konkurrenz bedeutete, während andererseits jeder, auch Anne, Ilse sehr gern mochte. Ilse war ein liebes, kluges Mädchen. (Sie starb am 2. April 1943 in Sobibor).
Ein paar Tagebuchseiten weiter schrieb Anne:

»Sie (Jacque) ist im Moment wieder sehr lieb, und ich hoffe, daß es so bleibt. Die Dinge, die ich vorher alle geschrieben habe, sehe ich ich jetzt teilweise anders.«

Da ich oft bei der Familie Frank zu Hause war, fiel mir eines Tages auf, daß alle Stühle aus dem Zimmer verschwunden waren und andere Stühle um den Tisch herum standen. Ich sagte etwas dazu und erhielt zur Antwort: »Sie sind abgeholt worden, um neu bezogen zu werden.« Das verstand ich nicht. Hatten diese Leute denn keine anderen Sorgen als die, daß ein paar Stühle vielleicht ein bißchen verschlissen waren? Ich hatte sie übrigens noch ganz in Ordnung gefunden, aber ich hielt meinen Mund.

Mit Anne sprach ich später schon über meine Gedanken. Ich hatte das Gefühl, daß von den vielen deutschen Soldaten, die damals das Stadtbild von Amsterdam bestimmten, eine große Bedrohung ausging. Im Laufe des Schuljahres wurden alle Juden verpflichtet, einen gelben Davidstern deutlich sichtbar auf der Kleidung zu tragen. Dadurch waren wir auf den ersten Blick erkennbar und gleichzeitig sehr verletzlich geworden. Es war auf diese Weise auch einfacher festzustellen, ob wir uns tatsächlich an die Reihe von Verordnungen hielten, die erlassen worden waren. Nicht nur Deutsche, sondern auch Mitglieder des NSB oder Leute, die einen für ein paar Gulden verrieten, konnten gefährlich sein. Ich habe mich einmal aus Versehen auf eine Bank an einem Platz gesetzt, als man dies bereits nicht mehr durfte, und ich wäre beinahe in ein Geschäft gegangen, das für Juden inzwischen verboten war. Für solche Übertretungen konnte man durchaus mitgenommen werden.

Jopie sagte immer zu mir: »Ich traue mich gar nicht mehr, irgendetwas zu tun, aus Angst, daß es verboten ist.« (20. Juni 1942 – DAS TAGEBUCH DER ANNE FRANK)

Auf einmal fehlten einige Kinder aus der Klasse. Die Razzien in den jüdischen Vierteln hatten begonnen, und man wußte nicht, wer »untergetaucht« oder »abtransportiert« worden war. Diese beiden Worte bekamen auf einmal eine neue Bedeutung. Der Junge, den Anne aufgeklärt hatte, blieb als erster weg: untergetaucht? Viele Jahre später traf ich ihn wieder: Er war in der Tat untergetaucht gewesen.

Eine der ersten, die wegblieben, war Betty, ein liebes Mädchen, das Anne als *ziemlich ruhig** beschreibt. Ich habe sie nie mehr wiedergesehen, und das gilt für die meisten Kinder aus unserer Klasse, auch für Ilse. Im April 1942 hatte sie noch in meinem Poesiealbum über »ein langes, glückliches Leben« geschrieben.

Am Montag, dem 6. Juli, kam Lies zu mir und erzählte mir, daß die Familie Frank weg sei. Abgereist in die Schweiz!, fügte sie aufgeregt hinzu. Ihre Eltern hatten das vom Untermieter der Familie Frank gehört. Er hatte einen Brief mit deutlichen Hinweisen in dieser Richtung gefunden. Am vorigen Tag hatten Anne und ich noch eine Zeitlang am Telefon miteinander gesprochen, aber nichts hatte darauf hingewiesen, daß sie am nächsten Tag verschwunden sein würde:

Als du mich am Sonntag angerufen hast, konnte ich dir nichts sagen, denn Mutter hatte es verboten, das ganze Haus stand in dem Moment schon auf dem Kopf und die Haustür war abgeschlossen. (25. September 1942)

Ich freute mich für Anne und ihre Familie, weil sie beizeiten hatten fortkommen können, und dieses Gefühl war stärker als das Gefühl von Leere, das mich auf einmal überfiel, weil meine Freundin verschwunden war. Ich erwartete übrigens, sie in absehbarer Zeit wiederzusehen, denn der Krieg konnte doch nicht mehr so lange dauern.

---

* 15. Juni 1942

Wir beschlossen, zum Merwedeplein zu gehen, um nachzusehen, ob wir Annes Tagebuch finden könnten. Wir waren sehr neugierig darauf. Sie hatte es zum Geburtstag bekommen und wir wußten, daß sie alle Mädchen und Jungen aus der Klasse darin beschrieben hatte. Wir wollten nachsehen, was über uns drinstand. An den »geheimnisvollen Brief« von Annes Vater dachten wir überhaupt nicht.

Ich habe inzwischen erfahren, daß Hanneli und Jacque (ich glaube zumindest, daß sie es waren) in unserer Wohnung waren, um nach meinem Tagebuch zu suchen, natürlich wollten sie den geheimnisvollen Brief von Papi haben. (14. August 1942)

Wir konnten hinein, weil Herr Goldschmidt, der bei Franks zur Untermiete wohnte, zu Hause war. Die Betten waren nicht gemacht und die Küche nicht aufgeräumt. Ein Bild von diesem Besuch im verlassenen Haus der Franks ist mir besonders im Gedächtnis geblieben: das ungemachte Bett von Anne und davor ihre neuen Schuhe, als ob sie sie gerade ausgezogen hätte. Ein ungemachtes Bett paßte nicht zu Anne, und sie hatte sich so über die neuen Schuhe gefreut und war so stolz darauf gewesen, daß die Sohlen aus Holzlamellen mit Gumminoppen bestanden. Unsere Holzschuhe (Leder war fast nicht mehr zu kriegen) hatten starre Sohlen. Ich verstand nicht, daß sie sie nicht mitgenommen hatte, dachte aber später, daß sie in der Schweiz sicher echte Lederschuhe würde kaufen können.

Außer ihrem Tagebuch und ihrer Filmstar- und Postkartensammlung hatte sie anscheinend alles an Spielen und Büchern liegengelassen. Varieté, ein Spiel, das sie kurz vorher zum Geburtstag bekommen hatte und das wir in den vergangenen Wochen mit Begeisterung gespielt hatten, sah ich auch noch dort liegen. Ich konnte der Versuchung es mitzunehmen nicht widerstehen, tat es aber dann doch nicht. Die Deutschen hatten verboten, etwas aus Häusern mitzunehmen, die von ihren Bewohnern verlassen worden waren, und deshalb ließen wir alles liegen.

Falls noch niemand von den Deutschen in unserer Wohnung gewesen ist, könntest du zu Herrn Goldschmidt gehen und ein paar von unseren Büchern, Heften und Spielen abholen, du kannst sie behalten oder für mich aufbewahren, aber du kannst sie auch zu Frau Gies bringen. (25. September 1942)

Ich sah noch kurz nach, ob nicht irgendwo ein Brief von Anne für mich lag, aber ich fragte nicht danach. Anne und ich hatten einander versprochen, einen »Lebewohl-Brief« zu schreiben, falls eine von uns unverhofft weggehen sollte. Erst Jahre später sollte ich ihren bekommen.

1942-1943

Als wir aus den Ferien zurückkamen, waren die Klassen leerer geworden. Auch Lehrer waren weg. Untergetaucht oder abtransportiert? Wir wußten es nicht. Niemand erzählte uns etwas darüber und niemand fragte danach. Von einigen Lehrern hörte ich nach dem Krieg, wie es ihnen ergangen war, entweder durch ihre eigenen Aufzeichnungen (Jacques Presser), oder durch Beschreibungen anderer (die Biologielehrerin Dr. B. in : *Näher zu Dir* – Gerard Reve, sie hat sich in Westerbork das Leben genommen); einige traf ich nach dem Krieg wieder, als sie ihren Beruf wieder ausübten.

Ich traf mich nun häufig mit einem Jungen aus meiner Klasse. Unsere Eltern waren miteinander befreundet. Er dachte nicht daran unterzutauchen, denn sein Vater hatte einen englischen Paß: Das schien genügend Schutz für die Familie zu bieten. Da sie die einzigen waren, die von unseren jüdischen Bekannten noch übrig waren, feierten wir im Frühjahr 1943 den Seder mit ihnen. Mein Freund brachte mir ein blaues Armband mit weißen Perlen mit. Es sollte das letzte Mal sein, daß ich ihn sah. Ich dachte:

Wenn ich dieses Armband nur gut aufhebe, dann kommt er bestimmt wieder zurück. Das Armband liegt noch immer, gut aufgehoben, in einer Schachtel, aber der Junge ist nicht zurückgekommen.

Inzwischen wurden die Gerüchte immer lauter, daß die Deutschen einen totalen Genozid in Gang gesetzt hätten, die sogenannte »Endlösung der Judenfrage«. Die Transporte von Juden aus den Niederlanden über Westerbork nach Deutschland und Polen waren Ende 1942 gut angelaufen. Um die »totale Vernichtung der jüdischen Rasse« zu erreichen, mußten die Juden aller von den Deutschen verwalteten europäischen Länder in einem Gebiet konzentriert werden. Man fing damit an, sie schwer arbeiten und hungern zu lassen, sie zu Tode zu foltern und zu erschießen, aber die Lager wurden immer überfüllter, je perfekter die Organisation verlief, und diese Vernichtungsmethode ging den Deutschen nicht schnell genug. Die ersten Gerüchte über Vergasung und anschließende Verbrennung, um die Spuren zu verwischen, sickerten schon durch. Viele Leute konnten das nicht glauben, auch mein Vater nicht.

Im Herbst 1942 waren Deetje und ihre Eltern schon bei einer Razzia aus dem Haus geholt und auf einen Transport geschickt worden. Der jüngste Bruder meines Vaters, der in Amsterdam wohnte, war auf einmal auch verschwunden. Von einem anderen Bruder, der mit seiner Frau in Haarlem wohnte, hörte ich nichts mehr. Ich fragte nach ihnen, und es stellte sich heraus, daß sie auch schon weg waren. Meine Eltern hatten sich nicht getraut, es uns zu sagen, um uns zu schonen. Ich war böse darüber, daß es mir nicht erzählt worden war. Wir waren oft in den Ferien dort gewesen, oft zusammen mit anderen Neffen und Nichten von meiner Tante, und wurden dann ordentlich verwöhnt. Sie hatten selbst keine Kinder. Nie hatte meine Tante unsere Geburtstage vergessen, und ihre Glückwunschkarten befinden sich noch in meiner Postkartensammlung.

Meine Mutter sah ein, daß es für ihre Kinder um Leben und Tod gehen würde und ergriff Maßnahmen. Sie hatte die Zeichen verstanden und ließ sich nicht durch hoffnungsvollen Optimismus in Sicherheit wiegen. Sie beschloß, den Schritt meines Vaters, durch den wir zu jüdischen Kindern geworden waren, rückgängig zu machen. Zu der Zeit, als sie damit anfing, hätte mein Vater sich noch mit Händen und Füßen dagegen gewehrt, deshalb durfte er nichts davon wissen und sie verbot uns, darüber zu sprechen.
Meine Mutter hatte eine Art Metamorphose durchgemacht. Sie lief nun meistens den ganzen Tag über in einem alten Morgenmantel herum. Haute-couture sei eine Kunstform, für die man nun keine Zeit habe, fand sie. Sie gehörte nicht zu den Leuten, die ihren Status durch schöne Kleider erlangen und war frei von Snobismus. Sowohl unsere Dienstmädchen als auch die Baroninnen, die zu ihren Kundinnen zählten, hatten sie geachtet und bewundert. Zusammen mit einem jüdischen Lehrmädchen nähte und änderte sie nun selbst Kleidung. Außerdem kümmerte sie sich um den Haushalt (wir durften nicht mithelfen, weil sonst unsere Hände häßlich geworden wären), und

nun kochte sie auch zum ersten Mal in ihrem Leben. Schließlich war unser Dienstmädchen weg.
Ich hatte auch großes Vertrauen in meine Mutter. Ich wußte, daß alles gut werden würde, wenn sie die Initiative ergriff. Dieses blinde Vertrauen wurde nicht enttäuscht. Eines Tages ging sie in voller Pracht zur Türe hinaus; sie trug perfekte Kleidung, die sie sorgfältig aufbewahrt hatte, und einen schönen Hut. Sie ging zum Sicherheitsdienst (SD) in der Euterpestraat. Sie erzählte dort, daß mein Vater uns ohne ihr Wissen bei der Jüdischen Gemeinde hätte einschreiben lassen, und daß sie dies rückgängig machen wollte. Sie hatte dafür gesorgt, daß sie mit jemandem von hohem Rang zu tun hatte, der auch Französisch sprach, und konnte ihn mit ihrem eisernen Willen und ihrem französischen Charme davon überzeugen, daß er ihr helfen mußte. Ihre List gelang. Man versicherte ihr, daß, wenn sie die Geburts- und Taufurkunden ihrer vier Großeltern vorlegen könnte, die Eintragung bei der Jüdischen Gemeinde rückgängig gemacht werden würde und ebenso unsere Registrierung als Jüdinnen in den deutschen Archiven.
Das war einfacher gesagt als getan. Obwohl meine französischen Großeltern in Paris gewohnt hatten (sie waren beide zu Beginn des Krieges gestorben), stammten sie aus dem zu dieser Zeit unbesetzten Gebiet Frankreichs. Von dort mußten wir die Papiere bekommen, und die Zeit drängte. Meine Schwester war fast sechzehn und hätte deshalb schon bald einen Aufruf bekommen können, sich für ein »Arbeitslager« zu melden.
Meine Mutter schaltete ihren Bruder in Paris ein. Mein

Onkel, der sich wegen der Gefahr, in die meine Mutter sich begeben hatte, große Sorgen machte, war sehr froh darüber, daß er etwas tun konnte. Er selbst hatte keine Kinder und hing sehr an seinen beiden Nichten aus Amsterdam. Fast jedes Jahr fuhren wir in den Sommerferien nach Paris, und kurz vor dem Krieg war er noch stolz mit uns durch die Weltausstellung gegangen. Wir hatten strahlend weiße Matrosenkleidchen und weiße Handschuhe getragen. Zusammen hatten wir verschiedene Stände besucht und waren mit einem Boot über die Seine gefahren.
Um schnell an die benötigten Papiere zu kommen, mußte mein Onkel sich seinerseits an einen Onkel von sich wenden, der mit der Schwester meines Großvaters verheiratet war. Dieser war während des Krieges Geschäftsführer eines renommierten Restaurants am Champs-Elysées in Paris. Dort gingen hohe deutsche Ofiiziere ein und aus, und er wird wahrscheinlich nicht viel mit Juden im Sinn gehabt haben – davon ist mir nichts weiter bekannt – aber trotzdem benutzte er seinen Einfluß, und es dauerte nicht lange und die benötigten Papiere lagen in der Euterpestraat. Meine Schwester und ich wurden von der Deportationsliste gestrichen, ebenso mein Vater.
Gleichzeitig ergriff meine Mutter noch eine Maßnahme: Ihre Kinder sollten so schnell wie möglich katholisch werden. Darum gingen wir einmal pro Woche zum Waterlooplein, um dort vom Pastor der Moses en Aäronkerk Katechismusunterricht zu bekommen. Wir bekamen ein schön in Leder gebundenes Büchlein mit Goldschnitt und Lesebändchen. Außerdem kann ich mich nur noch an eine Sache erinnern: die »Notlüge«. Ich dachte oft darüber

nach, wo die Grenze läge, und woher man wissen sollte, wann man lügen durfte und wann nicht. Ich überlegte mir zum Beispiel, daß mein Vater mich fragen würde, wo wir hingingen, und ob ich es ihm dann erzählen müßte oder nicht. Das war ein Problem für mich, aber er fragte nicht danach.

Inzwischen wußte mein Vater aber, daß meine Mutter in der Euterpestraat gewesen war. Nach einigem Murren sah er aber ein, daß sie sich durchsetzen würde, und zu Beginn der Weihnachtsferien konnten wir den Stern von unserer Kleidung entfernen und ich ging vom Jüdischen Lyzeum ab. Zum Pastor gingen wir nicht mehr, denn die Kirche lag im »Judenviertel« und da durften wir nun nicht mehr hingehen. Mein Vater hat niemals etwas davon erfahren, und das Problem mit der »Notlüge« hatte sich erledigt.

Es dauerte noch bis Oktober 1943, dann brauchte auch mein Vater den Stern nicht mehr auf der Jacke zu tragen. Dies hing mit der Sterilisation der Juden mit »arischen« Ehefrauen oder Ehemännern zusammen, durch die Juden in Mischehen sich nicht mehr fortpflanzen können sollten. Einige Ärzte boykottierten diese Verordnung, indem sie Bescheinigungen ausstellten, daß der Eingriff stattgefunden hätte. Auch mein Vater konnte sich solch eine Erklärung beschaffen.

Nach diesem Datum waren keine Juden mehr in der Stadt zu sehen. Alle waren nun abtransportiert worden oder untergetaucht. Meine jüdischen Onkel, Tanten und Kusinen waren alle weg, auch der älteste Bruder meines Vaters. Obwohl er in einer Mischehe lebte, war er abtransportiert worden, weil er eine bestimmte Verordnung übertreten hatte.

In den Monaten zuvor hatten wir regelmäßig lange Reihen von Juden mit Rucksäcken und Taschen durch die Straßen gehen sehen, umringt von deutschen Soldaten mit dem Gewehr im Anschlag. Wer weglief, wurde erschossen. Man hörte, wie deutsche Befehle durch die stillen Straßen geschrien wurden – es passierte immer abends und nachts, wenn die anderen Leute drinnen waren. Es war auch besser, sich nicht ans Fenster zu stellen, denn das reizte die Wut der Deutschen. Aber ich stellte mich so hin, daß ich nicht gesehen wurde, und schaute trotzdem weiter zu.

Mein Vater bekam noch einen Aufruf, sich zu melden, und seine Reisetasche stand schon fertig im Flur, aber das Abreisedatum konnte immer wieder verschoben werden bis zu dem Moment, wo er seinen Stern los war. Das Auftreten meiner Mutter hat also auch meinem Vater das Leben gerettet.

Ruud

Die Kinder, die in der Gegend wohnten, wo die Hunzestraat und die Lekstraat aufeinander treffen, spielten viel auf der Straße. Die Mädchen spielten Hüpfekästchen, Seilspringen oder mit Murmeln. Die Jungen spielten vor allem auf dem unbebauten Grundstück, das sich dort befand. Sie bauten Festungen und die älteren Jungen spielten Fußball.

Ich hatte keinen Kontakt zu den Jungen aus dieser Straße, aber eines Tages sah ich, daß zwei von ihnen sich von den anderen unterschieden: Sie trugen den gelben Stern auf ihrer Jacke. Kurze Zeit darauf waren sie plötzlich verschwunden.

Einen der Jungen sah ich am 5. Mai 1945 wieder. Es stellte sich heraus, daß er gut zwei Jahre lang mit seinen Eltern in der Dachkammer einer Nachbarin gelebt hatte. Der andere Junge – Ruud – , er sollte später mein Ehemann werden, zog einige Monate nach dem Krieg wieder in unsere Gegend. Er war auch versteckt gewesen.

Seine Eltern hatten lange gezögert unterzutauchen. Durch die Hilfe ihres Arztes war es seinem Vater gelungen, die Deutschen bei Razzien an der Nase herumzuführen, so daß die Deportation der Familie immer wieder verschoben wurde. Sobald an die Tür gehämmert wurde, klopften sie an ein Heizungsrohr. Die Nachbarn hörten dies und riefen den Arzt an, der in der Lekstraat wohnte und sofort vorbeikam. Er sagte dann den Deutschen, daß der Mann eine ernsthafte, ansteckende Krankheit hätte. Ruuds Vater lag im Bett, schwer atmend, mit einem feuchten Tuch auf der Stirn und rollenden Augen und tat so, als sei er schwer krank, so daß die Deutschen mit einem »der geht schon von selbst« schnell wieder gingen. Nachdem das ein paar Mal gutgegangen war, warfen sie ein Auge auf Ruud und sagten, daß sie dann eben den Jungen mitnehmen würden. Dann geschah das Wunder, sie bekamen Mitleid mit meiner zukünftigen Schwiegermutter, die sie auf Knien anflehte, es nicht zu tun: Sie ließen Ruud zurück. Da sahen Ruuds Eltern ein, daß sie sofort weg mußten.

Die Nachbarin, bei der schon der Freund untergetaucht war, ohne daß jemand aus der Nachbarschaft es wußte, begleitete Mutter und Sohn – natürlich ohne Stern auf der Jacke – im Zug bis in den Osten des Landes, unter Gefahr von Kontrolle und sofortiger Deportation. Der Vater blieb in der Nähe von Amsterdam. Er sah zu jüdisch aus, um mit dem Zug fahren zu können. Seine Geschichte: Viel Geld bezahlt, eine unbeheizte Dachkammer, ein Teller Suppe, die gefror, Asthmapatient und nicht husten können, weil die Nachbarn nichts hören durften. Drei Jahre nach dem Krieg starb er.

Mutter und Sohn trafen es besser. In Twente war eine Untergrundorganisation entstanden, die Juden half, unterzutauchen. Ein Pfarrer kümmerte sich um die Koordination.

Bei ihm wurden sie die erste Nacht untergebracht. Am nächsten Tag erfuhren sie zu ihrem Schrecken, daß sie nicht zusammenbleiben durften und auch den Aufenthaltsort des anderen nicht wissen durften. Die Mutter kam zu Leuten in Enschede, die sie liebe- und verständnisvoll in ihrem Haus aufnahmen, trotz der Gefahr, in die sie sich damit begaben. Der Sohn kam zu einer Familie in Nijverdal, offiziell als Neffe des Vaters. Dieser arbeitete im Gemeindesekretatiat und konnte Ruud dadurch später sogar als seinen Sohn einschreiben lassen, so daß es bei einer Kontrolle keine Schwierigkeiten geben würde.
Seine Frau, Tante Hilda, wie ich sie später nennen würde, hatte auf einem abgelegenen Bahnhof Juden mit Sack und Pack in Richtung Deutschland fahren sehen. Sie war darüber so außer sich, daß sie, nachdem sie wieder zu Hause war, in Absprache mit ihrem Mann sofort zum örtlichen Pfarrer ging. Sie wußte, daß er im Widerstand war, und sagte ihm, daß sie ein jüdisches Kind aufnehmen wollte. Jemand aus dem Widerstand kam zu ihr mit Photos von jüdischen Kindern, von denen sie eines auswählen konnte. Eigentlich wollte sie ein Mädchen zu sich nehmen: Das wäre einfacher gewesen, weil sie – als Deckmantel – eine Haushaltshilfe hätte sein können. Als sie hörte, daß jeder ein Mädchen haben wollte, und daß die Jungen übrig blieben, suchte sie Ruud aus.
Ruud merkte bald, daß die Mutter von Tante Hilda es ablehnte, daß diese einen jüdischen Jungen aufgenommen hatte. Sie sah die Gefahr, in die sich die Familie mit zwei kleinen Kindern begab, und wollte nicht, daß ihre Tochter diese auf sich nahm. Ruud war deshalb beunruhigt und es

gab ihm besonders in der ersten Zeit ein unsicheres Gefühl. Später wurde ihm klar, daß diese Menschen sich ganz und gar für ihn einsetzen würden, und daß ihr Gottvertrauen ihnen dabei half, das zu tun, was ihrer Meinung nach getan werden mußte.
Zweimal besuchte Ruud seine Mutter (die Adresse seiner Mutter wurde vor ihm geheimgehalten). Tante Hilda begleitete ihn im Zug. Er hatte damals seine Mutter über ein Jahr lang nicht gesehen. Sie waren sich ziemlich fremd geworden. Ruud hatte unter dem Einfluß einer Familie gestanden, die sich total von seiner unterschied: Um keinen Verdacht zu wecken, mußte er mit in die Kirche gehen, und täglich wurde in der Bibel gelesen. Als sie Abschied nehmen mußten, waren sie einander wieder etwas nähergekommen, und das machte die Trennung schwer.
Ruud konnte nicht zur Schule gehen und nahm an schriftlichen Kursen teil. Trotzdem genoß er ziemlich viele Freiheiten. Die Gegend war dünn besiedelt, und er ging in den Wäldern spazieren, wo er nicht vielen Leuten begegnete. Manchmal ging er mit einem Jungen zusammen, der auch aus dem Westen der Niederlande kam; weil dessen Mutter kränklich war, war er für eine Weile bei seinem Onkel zu Besuch. Bei diesem Onkel zu Hause wohnten auch zwei Kinder, Bruder und Schwester. Obwohl Ruud und Gerrit beide wußten, daß es jüdische Kinder waren, sprachen sie nie darüber. Gerrit wußte auch ganz genau, warum Ruud in Nijverdal war. Er war erst dreizehn Jahre alt, aber er hat während des Krieges nie eine Anspielung darauf gemacht. Nach dem Krieg erzählte er: »Ich habe es vom ersten Tag an gewußt.«

Als der Krieg vorbei war, nahm man schmerzlich Abschied voneinander. Onkel Henk – der Mann von Tante Hilda – brachte Ruud mit einem Fahrrad, das keine Reifen mehr auf den Felgen hatte, zu seiner Mutter nach Enschede, wo sich sein Vater ihnen anschloß, nachdem auch der Westen der Niederlande befreit worden war.

Letzte Kriegsjahre

Bis 1943, während meiner »jüdischen Kriegsjahre«, war meine Umgebung immer mehr eingeschränkt worden. Es war ein kleiner Kreis, in dem wir verkehrten, und wir waren vollkommen aufeinander angewiesen, da keine Impulse von außen kamen. An viele Orte durfte man nicht gehen, und aus Amsterdam hinaus schon gar nicht, so daß wir Kinder uns eigentlich nur in der Nähe unseres Hauses aufhielten.

Nach dieser Zeit erweiterte sich mein Blickwinkel wieder einigermaßen. Ich kam auch wieder in andere Gegenden von Amsterdam, spielte Hockey und Tennis.

Eines Tages im Juli, als ich zur Schule ging, dachte ich an Anne. Ich war zu dieser Zeit ein bißchen einsam und hatte mich auf dem Mädchenlyzeum noch nicht zurechtgefunden. Ich dachte daran, daß sie nun genau ein Jahr weg war, und ich vermißte sie. Im Jahr darauf, 1944, dachte ich wieder an diesem Tag an sie und an die Zeit, in der sie aus der Schweiz zurückkommen und wir unsere alte Freundschaft erneuern würden. Ich hatte inzwischen verschiedene neue Freundschaften geschlossen, aber ich sehnte mich trotzdem nach ihr. Erst viel später kam ich dazu, es ihrem Vater zu erzählen. Er war darüber freudig überrascht. Er hatte denselben extravertierten Charakter wie seine Tochter Anne, und ich war noch immer genauso verschlossen. Da ich selten darüber sprach, konnte er auch nicht wissen, daß ich seit ihrem Weggehen so an sie gedacht hatte. Daraufhin gab er mir auch das erste kleine karierte Tagebuch von Anne zu lesen, das er in einem Tresor in Basel aufbewahrte. Ich hätte niemals darum gebeten.

Den Rest des Krieges zehrten wir von den Berichten, die mit Mühe bis zu uns durchdrangen und die in Bezug auf die Kriegshandlungen langsam optimistischer wurden. Je schneller der Krieg zu Ende wäre, desto größer war die Möglichkeit, daß Familienangehörige und Bekannte unversehrt aus Deutschland zurückkämen, dachten wir. Wir wußten damals noch nicht, konnten uns keine Vorstellung davon machen, daß die meisten nach ihrer Ankunft in Sobibor, wohin die ersten Transporte gegangen waren, direkt in die Gaskammern geschickt worden waren und schon lange tot waren.

In der Schule war man vorsichtig und sprach mit den Kindern nicht viel über den Krieg und den Widerstand. In der Klasse waren Kinder, von denen man wußte, daß ihre Eltern im NSB waren. Es gab auch eine Lehrerin, der wir nicht vertrauten. Einige Lehrer leisteten stillen Widerstand, indem sie die Lehrbücher, die aus propagandistischen Gründen, zum Beispiel in Geschichte, vorgeschrieben waren, ungeöffnet ließen. Man vermutete, daß unser Erdkundelehrer im Widerstand war, aber darüber wurde nicht offen gesprochen. Er war es, der dafür sorgte, daß die Kinder am Ende des Winters 1944/45 warme Suppe bekamen. Er war es auch, der ganz verstört in die Schule gekommen war, an dem Morgen, an dem ich auf dem Weg zur Schule an der Ecke der Apollolaan und der Beethovenstraat nur noch rauchende Trümmer an der Stelle gesehen hatte, wo zwei Villen gestanden hatten. Ein Deutscher war vom Widerstand »liquidiert« worden. Als Repressalie waren am Morgen eine große Anzahl gefangengenommener Widerstandskämpfer aus dem Untersuchungsgefängnis an der Weteringschans geholt und in der Appollolaan an derselben Stelle erschossen worden. Zugleich wurden die beiden Villen in Brand gesetzt. Die Deutschen hatten, um ein Exempel zu statuieren, die Leichen einige Stunden liegengelassen. Unser Lehrer war am frühen Morgen daran vorbeigekommen.

Dann und wann wurden noch Razzien durchgeführt, um untergetauchte Juden aufzuspüren. Wenn Verrat im Spiel war (für jeden angezeigten Juden wurde eine Prämie gezahlt, und wir hatten schon bald festgestellt, daß auch Leute, die nicht mit dem Naziregime sympathisierten, diese gerne haben wollten), war meistens keine Zeit mehr ungesehen wegzukommen, schon gar nicht in Amsterdam. Zweimal hat sich ein entferntes Familienmitglied in Panik zu uns geflüchtet. Er wußte, daß er in Notfällen bei uns Schutz suchen konnte. Ich kannte ihn kaum und schaute ihn von der Ecke des Flures her an, sah seine gehetzten, verängstigten Augen. Ich war auch verängstigt: Die Deutschen waren noch in der Nähe, die Hausdurchsuchungen noch nicht zu Ende. Sie hätten jeden Moment auch zu uns hineinstürmen können, aber das ist nicht geschehen. Als es dunkel wurde, verschwand er wieder, um über seine Versteckadresse ein neues Quartier zu suchen.

Die Nahrungsrationen wurden immer kleiner. Auch mit Marken mußten wir oft in langen Schlangen vor den Geschäften anstehen, um noch an die Reihe zu kommen, bevor alles weg war. Als der Hungerwinter 1944/45 begonnen hatte, wurde es immer schwieriger, Lebensmittel zu bekommen. In aller Herrgottsfrühe standen wir schon in der Schlange vor dem Bäcker, der dann und wann ein pappiges Brötchen verkaufte, mit dem man dann wieder eine ganze Weile auskommen mußte. Man sah erschöpfte Menschen in Hauseingängen sitzen, weil sie nicht mehr weiter konnten, oft hatten sie dicke Beine durch Hungerödeme. Übriggebliebene Nahrungsmittel aus der Küche der deutschen Soldaten waren für Schulkinder bestimmt. Wir liefen zum Roelof Hartplein und wieder zurück, um dort in einer Schule unseren Teller Essen zu essen. Manchmal schmeckte es gut, manchmal sogar lecker (wir waren nicht mehr viel gewöhnt), aber es gab auch schon mal Suppe, die aus Kartoffelschalen gemacht war, und gegen die mein Magen rebellierte. Und es gab die Tulpenzwiebeln und Zuckerrüben, auf die die Amsterdamer schließlich ganz angewiesen waren. Mit viel Geld oder durch Hamstern beim Bauern konnte man manchmal noch an Kartoffeln oder Bohnen kommen. Rare Artikel wie Leinenwäsche, Seife oder Streichhölzer waren für die Bauern gute Tauschwaren. Gas und Strom waren abgestellt und

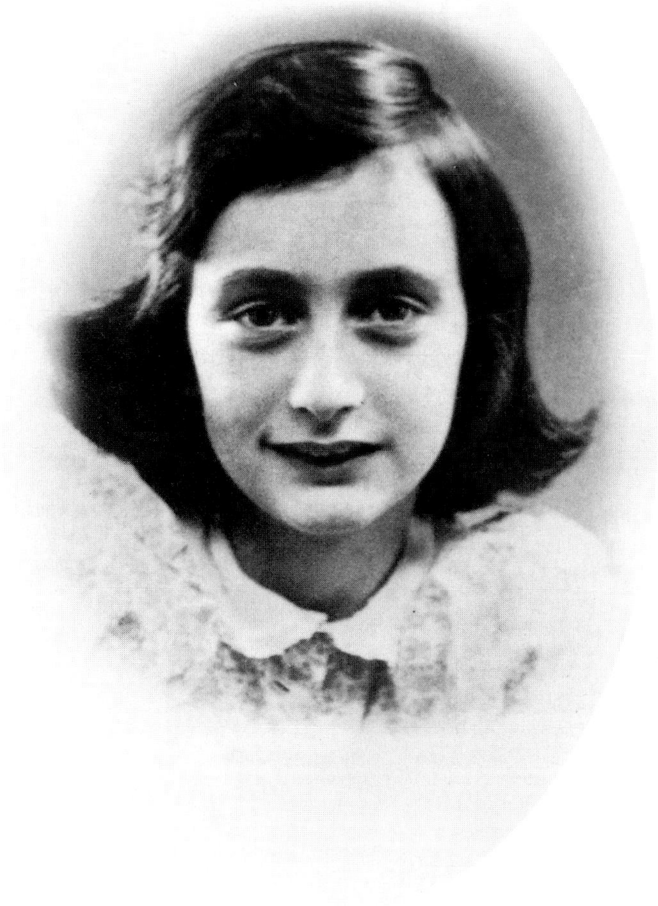

Anne Frank

Jacqueline.v.Maarsen.wordt uitgenodigd opZondag.1.Maart bij Anne Frank,Merwedeplein 37,te 11 uur, voor een filmvoorstelling.

1 MRT 1942

&&&&___&&&&___&&&&___&&&&___

Z.O.Z.

(Jacquelin van Maarsen ist am Sonntag, 1. März um 11 Uhr bei Anne Frank, Merwedeplein 37, zu einer Filmvorführung eingeladen.)

Zonder deze kaart geen toegang.

___________-

Wanneer men verhinderd is te komen,

gelieve tijdig te waarschuwen.

MRT 1942

tel.90441

rij II plaats 2

(Ohne diese Karte kein Einlaß. Wer nicht kommen kann, bitte rechtzeitig absagen.

Reihe II, Platz 2)

Eine Einladung von Anne und Jacqueline zu einer ihrer Partys

Amsterdam 23 Maart 1942.

Lieve Jacque,

Blijf steeds een zonnestraaltje,
Op school een aardig kind.
Voor mij mijn liefste vriendinnetje,
Dan wordt je door ieder bemind

Ter herinnering
aan je vriendinnetje
Anne Frank.

Annes Gedicht im Poesiealbum von Jacqueline
(siehe Seite 39)

Ruud, 1943

Die Eltern von Jacqueline, um 1925

Jacqueline (rechts im Vordergrund) mit ihren Kusinen; Meta (auf der Schaukel sitzend), Betsy (auf der Schaukel stehend) und Deetje (daneben, Sommer 1940).

Rechte Seite: Der Abschiedsbrief von Anne an Jacqueline *(siehe Seite 77)*

Dit is de beloofde vaarwel brief

20 Lieve Jacqueline,

25 - Sept. 1942.

Ik schrijf je deze brief om afscheid van je te nemen, dat zal je denkelijk wel verwonderen, maar het lot heeft het nu eenmaal niet anders bestemd, ik moet weg (zoals je intussen natuurlijk allang gehoord hebt) met mijn familie, de reden zal je zelf wel weten. Toen je me Zondagmiddag opbelde kon ik je niets zeggen, want dat mocht niet van moeder, het hele huis stond toen al op z'n kop, en de huisdeur was afgesloten. Hello zou komen, maar er werd niet opengedaan. Ik kan niet aan iedereen schrijven en daarom doe ik het ook alleen maar aan jou. Ik neem aan dat je niemand over deze brief spreekt en van wie je hem gekregen hebt, ook niet. Als je zo vriendelijk wilt zijn met mij geheime correspondentie aan te houden zou ik je daar zeer dankbaar voor zijn. Inlichtingen mevrouw Gies!!!! Ik hoop dat wij elkaar spoedig weer zullen zien, maar het zal kennelijk toch niet vóór het einde van de oorlog zijn. Als Lies of iemand anders je ooit vraagt of je nooit iets van mij hoort zeg dan nooit jawel, want je brengt mevrouw Gies en ons in levensgevaar, en ik hoop ook dat je zo verstandig bent. Je mag later natuurlijk wel vertellen dat je één brief van mij gehad hebt, ten afscheid. Welnu Jackie het ga je goed, ik hoop dat ik gauw een levensteken van je ontvang en tot spoedig weerziens.

Je „beste" vriendin Anne.

P.S. Ik hoop dat we tot dat we elkaar terugzien altijd „beste" vriendinnen blijven. dáág.

21

Tweede brief. 25 Sept. 1942.

23 Lieve Jackie,

Je brief heeft me erg verheugd, als er nog niemand van de Duitsers in onze woning geweest is, kan je wel naar mijnheer Goldschmidt gaan en wat boeken en schriften en spelletjes van ons weghalen je mag ze houden of voor me bewaren, maar je kunt ze ook naar mevrouw Gies brengen. Ik heb je in mijn vorige brief vergeten te zeggen, dat je deze brieven niet mag bewaren, want niemand mag ze vinden. Snipper ze dus in zulke kleine stukjes als wij toen op het plat met het briefje uit het doosje van moeder gedaan hebben. 68 Ik hoop dat je het doet. Hoe gaat het met jullie allemaal, van mij mag ik natuurlijk niets schrijven. Ik denk zo vaak aan jou. Hoe gaat het met Ilse is ze er nog. Van Lies heb ik door mevrouw Gies gehoord, dat ze nog hier is. Wij zijn helemaal niet alleen, en hebben gezelschap, verder mag ik over ons leven niets schrijven, hoewel het eng maar interessant voor later is. Te lang mag de brief niet worden dus tot ziens en een kleine kus van

Anne

25 Sept. 1942.

Otto Frank mit Jacqueline, 1970.

wir kochten auf einem kleinen Notofen, für den man nicht viel Brennstoff brauchte. Er erwärmte deshalb das Zimmer auch nicht und wir gingen früh zu Bett, um die Kälte nicht zu fühlen.

In einem meiner Vereine hatte ich einen Jungen kennengelernt, der sich in mich verliebt hatte. Eines Abends brachte er mich nach Hause und kam mit hinein. Es war mitten im Hungerwinter. Wir hatten noch einen Sack getrocknete Bohnen, von denen meine Mutter ein paar Mal in der Woche jeweils eine kleine Portion kochte. Zu dieser Zeit kam regelmäßig eine Nichte von Deetjes Vater mit ihrem Mann zu uns. Sie wärmten sich dann ein bißchen an unserem Notofen, der brannte, um die Bohnen zu kochen, und aßen danach mit uns mit. Sie waren ausgehungert. In ihrem Versteck hatten sie nichts mehr zu essen, und Geld hatten sie auch keines mehr. Manchmal sah ich, wie sie heimlich eine Bohne aus dem Töpfchen nahmen. Wenn wir gegessen hatten, gingen sie wieder, an einen uns unbekannten Ort.

Als ich an diesem Abend mit Thijs nach oben kam, schaute er in die halbdunkle Ecke, wo sie saßen, und fragte leise: »Sind das Juden?« Ich erschrak, dachte an die »Notlüge« und sagte »Nein«. Ganz offensichtlich glaubte er mir nicht, als ich versuchte zu leugnen. Ich weiß nicht, ob sie es gehört haben. Ich habe nie darüber gesprochen, aber unsere Gäste kamen danach nicht mehr. Thijs auch nicht. Er wollte sich nicht mit Juden einlassen, sagte er.

Es wurde April 1945. Die Befreiung des Westens der Niederlande war nicht mehr weit, aber der Hunger in den

Städten war so groß, daß mit der Zeit immer mehr Menschen umkamen. Es gab keine Nahrungslieferungen mehr. Die Alliierten beschlossen, Care-Pakete über der Stadt abzuwerfen.
Wir saßen in der Klasse, als wir die Flugzeuge über uns hinwegfliegen hörten. Die ganze Schule rannte nach oben aufs Dach. Wir winkten mit Schals und Taschentüchern diesen Piloten aus der freien Welt zu, unseren Freunden, und sahen eine Wolke von schwarzen Punkten herunterkommen.
Am anderen Ufer lag eine Villa, in der deutsche Offiziere einquartiert waren. Wir sahen, wie sie an den Fenstern nach uns schauten. Nachdem sie unsere Freude eine Weile beobachtet hatten, kamen sie wütend zur Rektorin unserer Schule und befahlen, daß wir vom Dach hinunterkommen sollten.
Die Bäcker backten Brot aus dem Mehl, das hinuntergeworfen worden und auf einer Weide gelandet war. Nie mehr habe ich so leckeres Brot gegessen wie das »Schwedische Weißbrot«, mit der Margarine bestrichen, die auch abgeworfen worden war.

Mai 1945 – Herr Frank

Das Glücksgefühl, das ich beim Wachwerden am ersten Morgen nach der Kapitulation Deutschlands hatte, konnten alle Kriegserfahrungen nicht dämpfen. Mit diesen Dingen wollte ich mich erst einmal nicht beschäftigen. Die ersten Tage waren noch eine eigenartige Übergangszeit. Jemand, der sein Radio nicht abgeliefert hatte, hatte es ins Fenster gestellt, und die Leute strömten herbei, um die guten Nachrichten zu hören. Die Kanadier, die uns in Amsterdam befreiten (wir lernten in der Schule sofort die kanadische Nationalhymne), waren im Anmarsch und die Deutschen waren noch nicht abgezogen. Auf einmal kam eine Gruppe Deutscher heran. Schweigend richteten sie ihre Gewehre auf die Menschenansammlung, die da Radio hörte. In Panik versuchten wir wegzulaufen und rannten uns gegenseitig um. Sie schossen aber nicht auf uns. Durch ihr Schweigen wirkte die Situation unwirklich. Wir hörten später, daß auf dem Dam aber noch geschossen worden war. Ein Mädchen aus dem Hockeyverein teilte die unbändige Freude, die wegen der Befreiung auf dem Platz herrschte, und wurde mit einigen anderen von dem Gebäude aus erschossen, das die deutschen Offiziere

während des Krieges besetzt hatten und wo sie nun der Dinge harrten, die da kommen sollten.
Danach geschah eine Reihe von besonderen Ereignissen. Wir liefen in alten verschlissenen Kleidern herum und hatten nichts zu essen, aber das machte uns nichts mehr aus. Der ganze Krieg war grau in grau gewesen. In meinen Augen sah nun alles wieder sonnig und hell aus. Wir empfingen die Kanadier an der Berlagebrug und fuhren mit bis zum Vondelpark, wo sie ihre Zelte aufschlugen und Dosen mit Nahrungsmitteln, Schokolade und Zigaretten verteilten. Weil es keine öffentlichen Verkehrsmittel mehr gab, mußten wir das ganze Stück zurücklaufen, aber wir kannten es nicht anders. Unterwegs aßen wir die Schokolade, die wir so lange nicht gekostet hatten.
Dann fingen die Straßenfeste an. In jedem Stadtteil wurden Komitees gegründet, die allerlei Feiern organisierten. Mit Freunden und Freundinnen gingen wir von einem Straßenfest zum anderen und tanzten bis tief in die Nacht hinein zu amerikanischer Musik.
Auf den ersten Befreiungstaumel folgte die Ernüchterung. Die Lebensmittellieferungen kamen langsam wieder in Gang, aber zugleich erreichten uns auch nach und nach die ersten Berichte über die Lager und den Zustand, in dem sich die Menschen befanden, die noch dort waren, als die Alliierten sie befreiten. Was wir während des Krieges kaum glauben konnten, erwies sich als nur allzu wahr. Bevor ich die ersten Fotos und Filmberichte sah, die bei der Befreiung der Lager gemacht worden waren, hatte ich mir überhaupt keine Vorstellung davon machen können.
Die Tochter eines Freundes meines Vaters kam aus Ausch-

witz zurück und direkt zu uns. Sie hatte zu der Zeit in Amsterdam außer uns niemanden mehr, den sie kannte. Später erfuhr sie, daß ihr Vater, ihre Mutter und beinahe ihre ganze Familie nie mehr zurückkommen würden. Weinend fiel sie meiner Mutter in die Arme. Auf ihrem Arm war ihre Lagernummer eintätowiert. In dieser Nacht erzählte sie meinen Eltern alles über das Grauen, das sie miterlebt hatte. Ich wurde ins Bett geschickt. Sie war nur ein Jahr älter als ich.

Wir warteten darauf, daß noch Familienangehörige oder Freunde zurückkämen, aber es blieb beängstigend ruhig.

Auf einmal stand Annes Vater vor der Tür. Er war allein, das verstand ich nicht. Auch die traurigen Augen in seinem mageren Gesicht verstand ich nicht. Bis er uns seine Geschichte erzählt hatte und die fürchterliche Wahrheit in unser Bewußtsein gedrungen war: Daß sie hinter dem Büro in der Prinsengracht zusammen mit der Familie van Pels und dem Zahnarzt Pfeffer versteckt gelebt hatten, daß sie verraten und abtransportiert worden waren. Er erzählte, daß Anne in Westerbork noch glücklich gewesen war, weil sie die Sonne wieder spürte und etwas mehr Bewegung hatte. Er erzählte auch, daß sie mit dem letzten Transport nach Polen geschickt worden war und daß man Männer und Frauen schon bald voneinander getrennt hatte.

Er war in Auschwitz bis zum Schluß mit Peter van Pels zusammen gewesen, aber als die Alliierten anrückten war Herr Frank in der Krankenbaracke zurückgeblieben und Peter mußte mit den Deutschen mitgehen, die die Lager verließen, weg von den Befreiern, in Richtung Deutschland. Später erfuhren wir, daß von diesen Todesmärschen fast niemand zurückgekehrt war. Auch Peter nicht. Herr Frank wurde ein paar Tage später von den Russen befreit.

Als Herr Frank zu uns kam, hatte er schon gehört, daß seine Frau Edith gestorben war, aber er hatte keine Nachrichten von Margot und Anne und hoffte noch, daß sie das Lager überlebt hätten. Es kamen Listen vom Roten Kreuz. Während des ganzen Krieges hatte sich das Rote Kreuz nicht sehr um die Juden gekümmert, aber jetzt kam es mit den Listen an, die die Deutschen säuberlich darüber geführt hatten, welche Juden sie wo und wann umgebracht hatten. Diejenigen, die sich versteckt gehabt hatten oder zurückgekehrt waren, sahen sie regelmäßig ein, und so entdeckte auch mein Vater allmählich, daß niemand von seiner Familie mehr zurückkommen würde. Meta und Deetje standen auch auf einer Liste.
Auch Herr Frank sah immer wieder in die Listen und fragte inzwischen die, die aus den Lagern zurückkehrten, ob sie nichts von seinen Töchtern gehört hätten. Auf diese Weise war er, noch bevor Margots und Annes Namen auf einer Liste erschienen, schon einer Krankenschwester begegnet, die mit ihrer Schwester dabeigewesen war, als erst Margot und einen Tag darauf Anne starben.
Er weinte und weinte nur noch. Er kam oft zu mir, und ich wußte nicht, wie ich ihn trösten sollte. Das einzige, was ich tun konnte, war, mit ihm über seine Kinder zu sprechen, und das war eigentlich auch alles, was er wollte. Er wohnte damals bei Miep und Jan Gies, die während des

Krieges gegenüber von uns in der Hunzestraat gewohnt hatten. Er erzählte uns von der Rolle, die Miep bei der Versorgung der acht Untergetauchten in der Prinsengracht gespielt hatte. Wir hatten sie während des ganzen Krieges hin und her laufen sehen und hatten gewußt, daß sie bei Herrn Frank im Büro gearbeitet hatte, hatten sie aber nie mit dem Verschwinden der Familie Frank in Verbindung gebracht.

Der zurückgelassene Brief über die Schweiz hatte richtig gewirkt. Mir wurde auf einmal klar, wo die Stühle vom Merwedeplein hingekommen waren.

Auch Jetteke besuchte Herr Frank damals viel. Sie war die beste Freundin von Margot gewesen, schon seit dem Mädchenlyzeum, und später auf dem Jüdischen Lyzeum waren sie wieder in eine Klasse gegangen. Dort hatten sie zusammen mit noch einem anderen Mädchen, Trees und deren Freund Bram, ebenfalls Klassenkameraden, ein festes Grüppchen gebildet.

Abends im Badezimmer sprachen Margot und ich über Bram und Trees! (23. März 1944)

Diese beiden und Jetteke hatten den Krieg überlebt. Mit Jetteke wollte er über Margot sprechen. Beide Töchter waren ihm gleich lieb gewesen; daß er sich später mehr auf Anne konzentrierte, kam durch das Tagebuch, das Anne seit ihrem Geburtstag am 12. Juni 1942 bis zu dem Tag, an dem sie abtransportiert wurde, dem 4. August 1944, geführt hatte.

Miep hatte Annes vollgeschriebene Hefte und das erste

kleine karierte Tagebuch im leeren Hinterhaus in der Prinsengracht gefunden und alles aufbewahrt, um es Anne zu geben, wenn sie zurückkäme. Als sie sicher wußte, daß Anne tot war, hat sie alles, ungelesen, Herrn Frank übergeben.

Annes Tagebücher

Nachdem Herr Frank gelesen hatte, was Anne geschrieben hatte, kam er zu uns. Große graue Kassenbücher waren dabei, und er hatte eins davon mitgebracht. Ich schaute kurz hinein, las es aber nicht. Ich sah, daß Annes Handschrift mit den Jahren noch schöner geworden war. Anne schrieb immer mit dem Stift zwischen Zeige- und Mittelfinger, weil sie sich einmal den Daumen verstaucht hatte. Ich hatte ihre Handschrift bewundert und versucht, wie sie zu schreiben, indem ich meinen Stift auch so hielt. Ich hatte eine unregelmäßige, schiefe Schrift, und auf diese Weise konnte ich besser gerade schreiben, was meiner Handschrift guttat, obwohl meine Schrift anders wurde als die von Anne. Noch jahrelang habe ich den Stift zwischen diesen beiden Fingern gehalten und dabei oft an sie gedacht.

Einige Zeit später erzählte mir Herr Frank, daß man ihm geraten hätte, das Tagebuch zu veröffentlichen. Er wußte auch, daß Anne selbst an eine Veröffentlichung gedacht hatte: Von einem bestimmten Zeitpunkt an hatte sie angefangen, ihr Tagebuch von Anfang an ganz abzuschreiben und dabei die Dinge wegzulassen, die sie für eine Veröffentlichung unwichtig fand. Beide Versionen hatte Miep retten können. In der zweiten Version war mein Name in »Jopie« geändert worden. Ich dachte zuerst, daß ihr Vater es getan hätte, aber er erzählte mir, daß Anne sich diesen Namen selbst ausgedacht hatte.

Jahrelang habe ich mich dahinter verbergen können. Niemand wußte, daß ich Annes beste Freundin gewesen war, und von mir aus hätte das so bleiben können. Als meine Tochter zwölf Jahre alt war, fragte sie mich, ob sie jetzt endlich einmal ihrer Freundin erzählen dürfte, daß ihre Mutter die Jopie aus dem Tagebuch war. Mein Mann konnte auch schon einmal plötzlich damit herausplatzen, und dann gelang es mir nicht immer, ihn mit einem Blick zum Schweigen zu bringen. Übrigens gefiel mir der Name Jopie nicht. Es dauerte noch Jahre, bis mir klar wurde, wie sie auf diesen Namen gekommen war, genau wie auf den Namen Kitty. Ein Mädchen mit diesem Namen wohnte am Merwedeplein. Ich kannte sie nicht gut, wußte aber, daß Anne mit ihr auf der Straße gespielt hatte und sie nett fand. Herr Frank und ich sprachen hin und wieder darüber, wer diese Kitty sein könnte, an die sich Anne in ihrem Tagebuch wandte. Ich glaube, daß er auch mit Kitty selbst darüber gesprochen hat. Es blieb unklar, und wir dachten, daß das Rätsel wohl für immer ungelöst bleiben würde.

Bis ich beim Lesen der wissenschaftlichen Ausgabe des RIOD eine Entdeckung machte. Unten auf der Seite, auf der die beiden Briefe abgedruckt waren, die Anne an mich geschrieben hatte, stand noch ein Brief:

Liebe Pop,
Kurz ein kleines Briefchen, du hast schon lange nichts mehr von mir gehört, nicht wahr, aber mir geht es immer noch gut. Wie geht es Kees? Wann ist es soweit, er ist schon ein lieber Junge, nicht wahr, aber dir brauche ich das eigentlich nicht zu sagen, denn du findest das natürlich selbstverständlich von deinem Zukünftigen. (25. September 1942)

Bis dahin hatten hauptsächlich Männer Annes Originalmanuskripte gelesen oder Frauen, die ihre Jugend nicht im niederländischen Sprachraum verbracht hatten. Sie wußten nicht, wer Pop und Kees waren. Aber ich wußte es. Pop war eine der Freundinnen von Joop ter Heul und gehörte zum Jopopinoloukicoclub. Der Name des Clubs war aus den Namen der Freundinnen im Buch zusammengesetzt worden: Joop, Pop, Pien, Noor, Loek, Kitty und Conny. Kees war der Bruder von Joop ter Heul und »ging« mit Pop. Auch an Connie und Pien richtete Anne ihre Briefe. Aber vor allen Dingen an Kitty. Kitty war ein nettes, hübsches Mädchen. Sie war die Lieblingsfreundin von Joop. Mit ihr identifizierte sich Anne am meisten. Nun wußte ich auf einmal, warum sie mich Jopie genannt hatte: nach Joop ter Heul von Cissy van Marxveldt. In Annes Buch las ich den Satz:

Weil du noch nie einen Krieg erlebt hast, Kitty. (Juli 1943)

Nein, die Kitty aus Joop ter Heul hatte in der Tat noch nie einen Krieg erlebt.

Ich grub meinen einzigen übriggebliebenen Band von Joop ter Heul aus einem alten Karton aus. Ich hatte ihn aufgehoben, weil Cissy von Marxveldt ihn signiert hatte. Sie war mit einem Cousin meines Vaters verheiratet, und so war dieses Exemplar in meinen Besitz gelangt. Ich fing an, darin zu lesen. Es fesselte mich nicht mehr, aber mir fiel auf einmal auf, wie sehr der erste Teil von Annes Tagebuch im Stil dieses von uns damals so viel gelesenen Buches geschrieben war.

Otto Frank beschloß, das Tagebuch herausgeben zu lassen, einerseits zu Ehren seiner verstorbenen Tochter und andererseits, weil er wußte, daß sie selbst es gewollt hatte. Er stellte eine Version zusammen, bei der er dem ersten Teil, den Anne selbst abgeschrieben hatte (im August 1944 war sie damit noch nicht fertig), den letzten Teil, den sie noch nicht abgeschrieben hatte, hinzufügte und Passagen wegließ, die er für unwichtig oder verletzend für seine umgekommene Frau hielt.
Er gab mir damals auch eine Abschrift von zwei Briefen, die Anne in ihrem Tagebuch an mich gerichtet hatte. Der erste Brief war der versprochene »Abschiedsbrief«, den ich im verlassenen Haus am Merwedeplein gesucht hatte. Die Briefe waren im September 1942 datiert. Beim Lesen des ersten Briefes wurde mir klar, daß sie ihn direkt nachdem sie untergetaucht war, geschrieben haben mußte: »als Du mich am Sonntag angerufen hast« oder vielleicht schon früher: »ich muß weg«. Miep hätte diesen Brief einfach so bei mir in den Briefkasten werfen können, aber dann hätte ich gewußt, daß Anne noch in Amsterdam war,

und die Geschichte mit der Schweiz mußte aufrechterhalten werden. Ich glaube, daß sie im September diesen Brief an mich in ihr Tagebuch übertragen hat. In ihrem zweiten Brief dankt sie mir für meine Antwort. Dabei habe ich ihr nie geantwortet. Ich habe ihren Brief doch nie bekommen und war während des ganzen Krieges der Meinung, daß sie in der Schweiz in Sicherheit wäre. Sie erfand meine Antwort an sie und beantwortete meinen erfundenen Brief. Vermutlich ist der Originalbrief verlorengegangen oder sie hat ihn selbst weggeworfen.

Hier ist der versprochene Abschiedsbrief
25. Sept. 1942.

Liebe Jacqueline,
ich schreibe Dir diesen Brief, um mich von Dir zu verabschieden, was Dich bestimmt wundern wird, aber das Schicksal hat es nun einmal nicht anders gewollt, ich muß weg (wie Du inzwischen natürlich schon lange weißt) mit meiner Familie, den Grund dafür kennst Du ja selbst.
Als Du mich am Sonntagnachmittag angerufen hast, konnte ich Dir nichts sagen, meine Mutter hatte es verboten, das ganze Haus war schon auf den Kopf gestellt und die Haustüre war abgeschlossen. Hello wollte kommen, aber es wurde nicht aufgemacht. Ich kann nicht jedem schreiben, und darum schreibe ich auch nur Dir. Ich nehme an, daß Du mit niemandem über diesen Brief sprichst, und auch nicht darüber, von wem Du ihn bekommen hast. Wenn Du so lieb wärst, mit mir eine geheime Korrespondenz zu führen, wäre ich Dir sehr dankbar dafür. Informationen bei Frau Gies!!!! Ich hoffe, daß wir

uns bald wieder sehen, aber es wird vermutlich doch nicht vor dem Ende des Krieges sein. Falls Lies oder jemand anders Dich fragt, ob Du nie etwas von mir hörst, sag dann bloß nicht doch, denn Du bringst Frau Gies und uns in Lebensgefahr, und ich hoffe auch, daß Du so vernünftig bist. Du kannst später natürlich schon erzählen, daß Du einen Brief von mir bekommen hast, zum Abschied. Also, Jackie, ich hoffe, daß es Dir gut geht und daß ich bald ein Lebenszeichen von Dir bekomme, und auf ein baldiges Wiedersehen. Deine »beste« Freundin Anne.

P.S. Ich hoffe, daß wir, bis wir uns wiedersehen, immer »beste« Freundinnen bleiben.

Tschüüs.

Zweiter Brief.

25. Sept.1942.

Liebe Jackie,

Ich habe mich sehr über Deinen Brief gefreut, wenn noch niemand von den Deutschen in unserer Wohnung gewesen ist, kannst Du gerne zu Herrn Goldschmidt gehen und ein paar Bücher und Hefte und Spiele von uns abholen. Du kannst sie behalten oder für mich aufbewahren, aber Du kannst sie auch zu Frau Gies bringen. Ich habe Dir in meinem letzten Brief vergessen zu sagen, daß Du diese Briefe nicht aufheben darfst, denn niemand darf sie finden. Schneide sie also genauso in kleine Schnipsel, wie wir es damals mit dem Zettel aus Mutters Schachtel gemacht haben. Ich hoffe, daß Du das tust. Wie geht es Euch allen, von mir darf ich natürlich nichts schreiben. Ich denke so oft an Dich. Wie geht es Ilse, ist sie noch da. Über

Lies habe ich von Frau Gies gehört, daß sie noch hier ist. Wir langweilen uns nicht und haben Gesellschaft, mehr darf ich über unser Leben nicht schreiben, obwohl es beengt, aber interessant für später ist. Allzu lang darf der Brief nicht werden bis bald und ein kleines Küßchen von *Anne*

Hiermit löse ich jetzt auf der Stelle das Rätsel von dem »Zettel aus Mutters Schachtel«. Ich habe schon manchmal die ziemlich abfällige Bemerkung zu hören bekommen »ihr habt schmutzige Briefe gelesen«, und in der englischen Ausgabe des Tagebuchs sah ich, daß »Zettel« in der Tat mit »letter« übersetzt worden war. Es war eine Schachtel mit Tampons und der bewußte Zettel war die Gebrauchsanweisung.

Ein erfolgreiches Buch

Der erste Verlag, an den sich Herr Frank wandte, hatte kein Interesse an Annes Aufzeichnungen. Man fand sie nichtssagend und hatte Angst vor einem Verlustgeschäft. Damals hatte ich Verständnis dafür: Wer sollte sich denn für die Ergüsse eines Kindes interessieren? Und wer wollte in dieser Zeit noch etwas vom Krieg hören? Als es Herrn Frank schließlich doch gelang, einen Verlag zu finden und er mit der Frage zu mir kam, ob ich auf Verlangen des Verlages nicht etwas über unsere Freundschaft schreiben wollte, habe ich mich aus genau diesen Gründen geweigert. Er hatte mich in der Kalverstraat zum Essen eingeladen und brachte das Gespräch darauf. Ich sagte ihm, ich könnte mir nicht vorstellen, daß es jemanden interessieren würde, ob Anne mit ihrer besten Freundin *Joop ter Heul* gelesen und Monopoly gespielt hatte oder daß sie Bilder von Filmstars gesammelt hatte. Außerdem dachte ich nicht daran zu erzählen, daß Sex eines ihrer Lieblingsthemen gewesen war, wenn wir zusammen saßen. Daß diejenigen, die Annes vollständige Aufzeichnungen gelesen hatten, das schon lange wußten, und daß ich selbst einige Male darin vorkam, konnte ich nicht wissen.

Oder sprach nur darüber, wenn ich allein mit Jacque oder so war. (24. Januar 1944)

Ich wußte zu diesem Zeitpunkt auch noch nicht, daß Anne die Szene mit dem Berühren unserer Brüste beschrieben hatte, und daß ihr Vater das auch gelesen hatte. Ich glaube, daß er es damals meiner Mutter gezeigt hat, wenn ich an das denke, was sie einmal in einem Interview sagte, das sie 1956 gab.

Es hat viele Jahre gedauert, bis ich *Das Tagebuch der Anne Frank* objektiv lesen konnte und verstand, warum es in der Welt solche Resonanz gefunden hat. Es wurde mir erst 1970 bewußt, als Herr Frank mir ein Buch brachte, das aus Briefen zusammengestellt war, die er im Laufe der Zeit von Leuten bekommen hatte, die das Tagebuch seiner Tochter gelesen hatten. Da sah ich, was für eine Wirkung es ausübte. Abgesehen von Annes Charakter, der viele Leute ansprach, war es auch die Tatsache, daß dieses junge Mädchen, das noch soviel vom Leben erwartet hatte, auf solche Weise umgebracht worden war. Das konnte man eher begreifen als die Zahl von sechs Millionen ermordeter Juden.
Immer, wenn wieder etwas über Anne veröffentlicht wurde, brachte mir ihr Vater ein Exemplar. Später gab er mir Übersetzungen mit, wenn ich ihn in Basel besuchte. Annes Buch ist jetzt nach der Bibel das meistverkaufte Buch der Welt. Ich habe ungefähr fünfzig Ausgaben bei mir im Schrank stehen, Ausgaben aus vielen Ländern und in vielen Sprachen.

Als ich 1947 die erste Ausgabe von Annes Tagebuch von ihrem Vater bekam, hatte ich das Gefühl, daß ich etwas las, was nicht für mich bestimmt war. Ich schaute jahrelang nicht mehr hinein und erzählte auch niemandem, daß ich Anne gekannt hatte. Als ich diese Hemmungen überwunden hatte, gab es noch einen anderen Grund, warum ich nicht über meine Freundschaft mit Anne sprechen wollte. In Amerika hatte man aus dem Buch ein Theaterstück gemacht und danach einen Film, das Buch begann, weltberühmt zu werden. Plötzlich gab es Leute, die sich damit hervortaten, Anne gekannt zu haben oder mit ihr befreundet gewesen zu sein. Seltsamerweise waren das nie Annes wirkliche Bekannte oder Freundinnen, sondern Leute, die sie nicht gekannt oder bemerkt hatten, weil sie in der Parallelklasse gewesen waren oder die nicht mit ihr gespielt hatten, weil sie mit anderen Kindern befreundet waren. Ich selbst bin in Bezug auf dieses Thema immer sehr zurückhaltend gewesen, da ich nicht für wichtig gehalten werden wollte, weil eine Freundin von mir im Konzentrationslager umgebracht worden war. Ich war der Meinung, daß meine eigene Persönlichkeit meinen Freunden genügen sollte, und daß sie nicht durch »besondere Freundschaften« aufgemöbelt werden mußte.

Nach einiger Zeit besuchte Annes Vater mich weniger häufig. Er schien auch nicht mehr so traurig zu sein. Wenn wir uns sahen, brachte er mir meistens ein kleines Geschenk mit, und er äußerte seine herzliche Zuneigung zu mir auf die gleiche überschwengliche Weise, wie seine Tochter es früher getan hatte, was mich verlegen machte.

Es stellte sich heraus, daß er eine Frau kennengelernt hatte, die auch immer in die Listen des Roten Kreuzes geschaut hatte. Ihr Mann und ihr Sohn waren auch in den Lagern umgekommen. Sie war mit ihrer Tochter Eva aus dem Konzentrationslager zurückgekommen. Ich lernte sie später auch kennen und war froh, daß Herr Frank wieder etwas Freude am Leben gewonnen hatte. Ein paar Jahre später heirateten sie und zogen nach Basel. Von dort aus reisten sie dann in die ganze Welt, um Menschen zu treffen, die sich für Annes Tagebuch und die Verfolgung der Juden durch die Deutschen interessierten. Otto Frank wurde von den Großen der Welt empfangen; sogar vom Papst in Rom.

Er starb 1980 mit einundneunzig Jahren. Den Rest seines Lebens hatte er den Aufzeichnungen seiner Tochter gewidmet. Er beantwortete Briefe von Kindern und Erwachsenen, die Annes Tagebuch gelesen hatten und die ihm dazu ihre Gefühle mitteilen wollten. Er eröffnete auch Schulen, die nach ihr benannt worden waren. In seinem Beisein wurden Statuen und Gedenksteine von und für Anne enthüllt.

Als das Geld aus dem Verkauf von Annes Buch zu fließen begann, gründete Otto Frank eine Stiftung: die Anne-Frank-Stiftung. Ziel der Stiftung sollte es sein, gegen Diskriminierung zu kämpfen, für die die Judenverfolgung als Beispiel stand – deren Symbol Anne sein sollte – ,und Annes Ideale zu verbreiten, wie sie sie in ihren Tagebüchern hinterlassen hatte. Das Geld sollte außerdem guten Zwecken dienen, die mehr oder weniger damit zusammenhingen. Das Haus an der Prinsengracht, wo die acht von Anne beschriebenen Versteckten gelebt hatten, wurde als Sitz der Stiftung und als Museum eingerichtet. Herr Frank war sehr damit beschäftigt. Wenn er zu Versammlungen nach Amsterdam kam, rief er immer kurz an. Oft hatte er keine Zeit vorbeizukommen, so hielten ihn die Stiftung und die Leute, die damit zu tun hatten, in Atem. Auch viele frühere Bekannte nahmen ihn dann in Beschlag.

In dieser ersten Zeit hatte ich ihn nicht darum bitten wollen, mir einmal das Haus zu zeigen, in dem sie sich versteckt gehalten hatten. Inzwischen hieß es Anne-Frank-Haus und sollte in späteren Jahren das meistbesuchte Museum Amsterdams werden. Einmal nahm er mich aber mit und zeigte mir die Zimmer, in denen Anne die Jahre verbracht hatte. Ich war wirklich beeindruckt, vor allem, weil ich mit Annes Vater dort war, der so viele traurige Erinnerungen an das Haus hatte.

Dann sah ich die Wand, die Anne mit Bildern von Filmstars und Postkarten vollgeklebt hatte. Das war etwas, was uns beiden gehörte. Mit diesen Filmstars hatten wir uns gemeinsam beschäftigt. Zwischen den Postkarten an der Wand waren zwei von den englischen Prinzessinnen Elizabeth und Margaret Rose. Hatte sie die denn auch gehabt? fragte ich mich. Meine Schwester und ich hatten im Sommer 1938 eine Serie von vier Karten von der britischen Königsfamilie bekommen, als wir in Paris waren und der König und die Königin von England dort einen Besuch machten. Ich dachte weiter nicht mehr darüber nach.

Aber vor kurzem fand ich auf einmal eine Shirley-Temple-Karte, die an Margot Frank adressiert war. Da wurde mir klar, wie es sich zugetragen haben mußte. Ich hatte Anne meine beiden Karten von den Prinzessinnen im Tausch gegen die Shirley-Temple-Karte gegeben. Rasch suchte ich weiter in meiner Postkartensammlung. Ich fand, was ich suchte: die zwei übrigen Karten der Viererserie. Die anderen beiden hängen im Anne-Frank-Haus an der Wand.

Herr Frank und ich schrieben uns regelmäßig. Aus allen Teilen der Welt bekam ich Karten von ihm. Wenn wir mit unserer Familie in den Süden fuhren, fuhren wir immer kurz in Basel bei ihm und Fritzi, seiner zweiten Frau, vorbei. Er interessierte sich sehr für unsere drei Kinder und erzählte von den Kindern von Fritzis Tochter Eva, die schon kurz nach dem Krieg nach England gegangen war. Als wir wieder einmal unterwegs nach Basel waren, fiel mir ein, daß unser ältester Sohn das *Tagebuch* noch nicht gelesen hatte. Ich mußte ihn dazu ermuntern, es zu lesen, weil ich wußte, daß Herr Frank immer gerne mit Kindern über das Buch seiner Tochter sprach. Mir fiel auf, daß meine Kinder beim Lesen des Tagebuches dieselben Hemmungen hatten wie ich, vor allem mein jüngster Sohn, der mir ähnlich ist.

1952 war ich in England. Ich wohnte bei einem Ehepaar in London und paßte auf dessen dreijähriges Töchterchen auf. Die Mutter schrieb Kinderbücher und der Vater war Redakteur beim *New Statesman.* Eines Tages kam er mit einem Buch nach Hause, das die Redaktion bekommen hatte, und sagte zu mir: »Das hat ein holländisches

Mädchen geschrieben, vielleicht ist es interessant für dich.« Ich schaute das Buch an und dachte: Ich kenne das Mädchen doch. Es war *The Diary of a young Girl* by Anne Frank, die erste englische Ausgabe. Fünf Jahre zuvor hatte ich Annes Tagebuch gelesen, und jetzt las ich es zum zweiten Mal, auf Englisch. Ich las nun aber zum ersten Mal, daß Anne die Szene mit den Brüsten ausführlich beschrieben hatte. Da stand zwar »eine Freundin«, aber ich erinnerte mich noch gut an den Vorfall. Zu diesem Zeitpunkt dachte ich noch, daß Annes Vater das in der niederländischen Ausgabe weggelassen hätte, und ich war ihm dankbar dafür. Später erzählte er mir, daß es der niederländische Herausgeber gewesen war, der der Meinung war, daß man das nicht veröffentlichen könnte (es war 1947). Herr Frank hatte aber meinen Namen im Manuskript des Tagebuches nicht genannt. Obwohl ich noch ziemlich schockiert war, als ich es las, war ich sehr gerührt darüber, daß Anne in ihrem *Tagebuch* wahrheitsgemäß »sie weigerte sich« dahinter geschrieben hatte.
Ich hatte meinem Gastgeber, als er mir das Buch gab, nicht erzählt, daß ich darin als »Jopie« vorkam, und nachdem ich es gelesen hatte, zögerte ich, ob ich es nun noch tun sollte. Eine Freundin seiner Frau war bei ihnen zu Besuch, und da wir zusammen am Kamin saßen und lasen, fragte ich sie, als ich damit fertig war, ob sie das Buch nun lesen wollte. Sie sah es verächtlich an, mit zusammengekniffenen Lippen, und sagte dann nein. Ich habe meine Geschichte also nicht erzählt. Es war meine Überempfindlichkeit in Bezug auf Antisemitismus – entstanden im Krieg – die mich hier beeinflußte.

Als der Krieg vorbei war, war ich sechzehn Jahre alt. Ich wollte neu anfangen und die zurückliegenden dunklen Jahre soweit wie möglich vergessen. Meinem Vater war das unmöglich. Seine ganze Familie war ausgerottet worden. Der Antisemitismus wurde offiziell totgesagt, aber er war durch den Krieg angefacht worden war auch danach noch spürbar. Meine Schwester und ich hatten nicht das geringste Bedürfnis, wieder jüdisch zu werden. Mein Vater hatte also zwei nichtjüdische Töchter, während er gerade besonders fromm wurde und in der Synagoge Trost suchte. Das Verhältnis zu meiner Mutter war in den schwierigen Kriegsjahren auch nicht besser geworden. Er hat das alles nicht verkraftet, bekam ein Herzleiden und starb 1952.

Anne Frank

1952 war in Amerika die Übersetzung von *Das Tagebuch der Anne Frank* erschienen. Es wurde außerdem ein Theaterstück daraus gemacht, bei dem Otto Frank die Leitung innehatte. Und die Geschichte wurde verfilmt. Milly Perkins bekam die Rolle von Anne. 1956 wurde das Theaterstück in niederländischer Übersetzung aufgeführt. Es waren einige kleine Änderungen vorgenommen worden. Um dem Ganzen einen besonders dramatischen Anstrich zu geben, trat Otto am Anfang auf, in dem Augenblick, wo er nach dem Krieg das Hinterhaus zum ersten Mal wieder besucht. Er findet Annes Tagebuch, das dort auf dem Boden liegt, und einen Schal, den sie für ihn aus Wollresten gestrickt hatte. Ich fand trotzdem, daß es ein schöner Anfang war. Herr Frank hatte Jetteke und mich zur Premiere eingeladen. »Jopie« wurde auch im Stück erwähnt. Ruud und ich sahen uns kurz an. Niemand wußte, daß ich diese Jopie war. Es war eine eigenartige Empfindung für mich. Ich fand die Vorstellung sehr gelungen, aber es war nicht Anne, die da auf der Bühne stand, wie gut auch gespielt wurde. Königin Juliana besuchte diese Vorstellung. Herr Frank wollte das Theaterstück niemals sehen.

Ich hob das Programm auf. Es wurde der Beginn meiner Sammlung von Erinnerungsstücken und Zeitungsausschnitten, die mit dem unglaublichen Erfolg des Tagebuches meiner Freundin zu tun hatten, der damit seinen Anfang nahm.
Zu dieser Zeit wurde man auch langsam neugierig auf das Umfeld von Anne. Leute, die sie noch gekannt hatten, wurden befragt. Wir hatten die ersten beiden Jahre nach unserer Hochzeit in Brüssel gewohnt, unsere Tochter war dort geboren worden und wir waren im Herbst 1956 wieder nach Amsterdam zurückgekommen.
Jemand wollte ein Buch über Anne schreiben und sich dabei auf die Leute berufen, die sie gut gekannt hatten. Da wir gerade erst aus Brüssel zurückgekommen waren, war unser Telefon noch nicht angeschlossen, und ein Mann kam eines Abends bei uns vorbei, ohne sich vorher angekündigt zu haben. Wir waren an diesem Abend nicht zu Hause, meine Mutter paßte auf unsere Tochter auf. Als wir nach Hause kamen, erzählte uns meine Mutter von dem Besuch. Sie hatte ihm gesagt, daß sie alles über Anne noch gut wüßte und sich wahrscheinlich besser an sie erinnerte als ich. Ich fand diese Bemerkung seltsam und fragte mich, was sie erzählt haben könnte. Sie hatte sich nie viel um meine Freundinnen gekümmert, und für Geschichten von Kindern hatte sie wenig Geduld. Inzwischen war ich froh, daß ich selbst um das Gespräch herumgekommen war und ließ es dabei bewenden.
Als ich allerdings das Interview mit meiner Mutter in dem Buch las, war ich erstaunt und enttäuscht. Erstaunt über den Unsinn, den meine Mutter sich ausgedacht hatte. Wie

kommt sie darauf, dachte ich, als ich es las. Enttäuscht war ich, weil ich feststellte, was meine Mutter nun, wo sie Annes Buch überall in den Schaufenstern liegen sah, auf einmal alles mögliche über meine Freundschaft mit Anne erzählen konnte.

Es war nicht alles erfunden. Die Geschichte, wie Anne ihre Katze in die Badewanne gesteckt hatte, war wahr. Sie hatte auch einmal meiner Mutter ihr neues blaues Kleid gezeigt, weil sie wußte, daß meine Mutter sich für Kleider interessierte. Sie kam von der Schneiderin, und ich sehe sie noch bei uns im Zimmer stehen, wie sie stolz ihr Kleid vorführte. Was aber nicht dabei stand war, daß Anne das Kleid vor allem wegen der originellen Art vorgezeigt hatte, in der der Rock unsichtbar verlängert worden war. Ich habe meine Mutter diese Geschichte in ausgeschmückter Form noch häufig als Anekdote erzählen hören. Im Buch stand, daß meine Mutter das Kleid genäht hatte. Das muß ein Mißverständnis gewesen sein, wahrscheinlich, weil meine Mutter Französisch sprach und der Interviewer Deutsch.

Dies war das erste Mal, daß ich dem Phänomen begegnete, wie sich jemand interessant machen wollte, indem er Geschichten über Anne erzählte. Es sollte noch schlimmer kommen. Selbst Leute, die sie nicht gekannt hatten, sogar nie gesehen hatten, fingen an, solche erfundenen Geschichten zu verbreiten.

Bis dahin hatte niemand Interesse daran gehabt, »Freundin«, »Spielkamerad« oder »Klassenkamerad« von Anne Frank gewesen zu sein. Danach hörte ich immer öfter direkt oder indirekt, wie Leute erzählten, daß sie Anne gekannt hätten, mit ihr gespielt hätten oder mit ihr in einer Klasse gewesen wären. Es waren auch Bekannte von mir darunter, die, während ich dabeisaß, davon erzählten, obwohl ich und sie selbst sehr gut wußten, daß es nicht so gewesen war. Anfangs ging ich manchmal noch ernsthaft darauf ein und sagte z.B. »Wie ist das möglich« und »Du warst doch ...«. Später hielt ich einfach meinen Mund. Ich war auch der Meinung, daß ich sie im Beisein ihrer Ehemänner oder Freunde nicht als Lügner hinstellen konnte. Es befremdete mich, daß jemand sich dadurch Bedeutung verschaffen wollte, daß er oder sie Freund oder Freundin von Anne gewesen sei, ließ es aber dabei bewenden. Es ging mich zwar persönlich nichts an, aber es war ärgerlich, daß ich diese Behauptungen glaubwürdig erscheinen ließ, indem ich nichts sagte, aber ich wußte mir keinen Rat. Ich wollte mich auch über dieses heikle Thema nicht streiten.

Einmal passierte der umgekehrte Fall. Es war Ende der sechziger Jahre. Eine Großkusine von mir war nach Eindhoven gezogen und arbeitete auch dort. Sie freundete sich mit jemandem an, der ihr erzählte, daß er bei Anne Frank in der Klasse gewesen war. Sie erzählte ihm, daß eine Großkusine von ihr auf dem Jüdischen Lyzeum auch eine Klassenkameradin von Anne gewesen war. Er erinnerte sich nicht an meinen Namen und mißtraute der Geschichte: Er hatte inzwischen auch schon mehrmals mit dem Phänomen Bekanntschaft gemacht. Als meine Kusine mir seinen Namen nannte, wußte ich es sofort. Es war der Junge, den Anne aufgeklärt hatte. Ich sagte zu ihr: »Erzähle ihm doch, daß ich mich noch daran erinnere, daß er in der

Klasse neben Leo S. gesessen hat.« Das stimmte, und er glaubte mir. Später traf ich ihn regelmäßig und wir tauschten Erinnerungen an diese Zeit aus.

Aber im allgemeinen sprach ich nicht viel über den Krieg und gewiß nicht über Anne. Mein Leben war ausgefüllt; ich hatte eine Familie mit drei Kindern, in der ich ganz aufging. Trotzdem freute ich mich darüber, daß Annes Vater mich über alles, was rund um Annes Tagebuch passierte, auf dem Laufenden hielt. Ich verfolgte dessen Verbreitung mit viel Interesse. Wenn in Amsterdam Gedenkfeiern oder Enthüllungen stattfanden, die mit Anne zu tun hatten, nahm mich ihr Vater mit. Miep Gies und ihr Mann waren auch immer anwesend. Meistens fanden die Feierlichkeiten im Anne-Frank-Haus statt.

Berühmt

12. Juni 1979. Ich saß in der Westerkerk in Amsterdam, inmitten einer großen Anzahl von Gästen, die sich versammelt hatten, um Annes fünfzigstem Geburtstag zu gedenken. Es waren verschiedene Redner da und es wurden passende Lieder gesungen.
Ich schweifte mit meinen Gedanken ab und schaute Annes Vater an. Ob er sich inzwischen daran gewöhnt hatte, daß seine Tochter zum Symbol für die Millionen von Juden geworden war, die von den Nazis umgebracht worden waren?
Ich konnte Anne nicht als Symbol sehen. Für mich war sie noch immer die kleine Freundin. Ich dachte an ihren dreizehnten Geburtstag, der jetzt siebenunddreißig Jahre her war. Mit leuchtenden Augen hatte sie die Freunde und Freundinnen hereinkommen sehen und voller Erwartung die Päckchen ausgepackt. Sie hatte es wunderbar gefunden, im Mittelpunkt zu stehen, und genoß es in Gedanken noch hinterher, als alle weg waren, und wir zusammen noch ein bißchen ihre Geschenke ordneten. Ich erinnere mich noch so gut daran, weil ich ihr Tagebuch nicht mehr dabei liegen sah, was mich wunderte, weil es ihr wichtig-

stes Geschenk war. Wie wichtig es werden sollte, sollte sie nie erfahren.

Auf die eine oder andere Weise würde später jeder meinen Namen kennen. (Schrieb sie in der Geschichte »Filmstarillusionen« am 24. Dezember 1943.)

Nun saß ich hier still und hörte zu, und jeder kannte ihren Namen und sprach über sie, aber dafür hatte sie erst sterben müssen. Ans Sterben dachten wir nicht an diesem Tag im Juni 1942; unser Leben hatte gerade erst begonnen.
Zur Feier dieses Gedenktages wollte ich etwas für Herrn Frank tun, als Beweis meiner Freundschaft zu ihm und seiner Tochter. Meine Kinder waren inzwischen erwachsen, und seit einigen Jahren lernte ich die Kunstbuchbinderei. Ich hatte diesen Beruf gewählt, weil ich dabei meine Liebe zur Literatur, zum Buch als Objekt und zum Kunsthandwerk kombinieren konnte. Als ich in den Niederlanden damit nicht weiterkam, ging ich jedes halbe Jahr nach Paris, um dort Unterricht zu nehmen. Ich hatte mir überlegt, daß *Das Tagebuch der Anne Frank* das erste Buch sein sollte, daß ich ohne die Hilfe meines Meisters in Leder binden wollte.
In der Westerkerk überreichte ich es Herrn Frank. Er freute sich darüber und zeigte es, um mir eine Freude zu machen, sofort einem befreundeten Verleger.

Das Tagebuch der Anne Frank habe ich danach noch zweimal eingebunden. Ich hatte noch ein zweites Exemplar der ersten Ausgabe, und fertigte dafür einen Einband im Stil der Zeit, aus der es stammte, mit einem vergoldeten Blumenkranz auf dem Deckel. Das zweite Mal stellte ich den Einband für einen Buchbinderwettbewerb her. Ich verwendete eine französische Ausgabe, und nahm für den Deckel die Verzierung, die ich für das Buch von Herrn Frank benutzt hatte. Auf dem Rückendeckel drückte ich meine tieferen Gefühle aus. Ich wurde anerkennend erwähnt und das Buch wurde von der Königlichen Bibliothek in Den Haag angekauft. Ich verschwieg, daß ich die Jopie war, die in dem Buch vorkommt. Später sprach ich mit einem Freund darüber, der als Historiker der Meinung war, daß die Tatsache, daß ich Annes Freundin gewesen war, dem von mir eingebundenen Exemplar eine besondere Bedeutung verleihen würde, und er riet mir, es doch zu erzählen. Das leuchtete mir schon ein, und als ich den Konservator der Bücher später wieder einmal traf, erzählte ich es ihm. Als mein Einband bei einer der folgenden Ausstellungen wieder gezeigt wurde, las ich im Begleitkatalog zu dieser Ausstellung: »Dieser Einband [...] zeigt eine intensive Beziehung zum Inhalt.« Ich hatte gebeten, die Geschichte nicht an die Öffentlichkeit zu bringen, und fand, daß dies wirklich eine gute Lösung war.

Nach dem Ende des offiziellen Teils in der Westerkerk kam Herr Frank auf mich zu und sagte: »Ich möchte dich jemandem vorstellen. Du warst eine der ersten, zu denen ich hinging, nachdem ich wußte, daß Anne tot war. Das ist die Frau, die dabei war, als Anne starb, und von der ich dir damals erzählt habe.« Es war eine der Schwestern B., die

Krankenschwestern im Lager gewesen waren und die Anne und Margot hatten sterben sehen.
Es waren viele schöne Reden gehalten worden an jenem Nachmittag, aber in diesem Moment fehlten mir die Worte. Ich hatte Angst, den falschen Ton zu treffen, wenn ich meine eigenen Gefühle äußern würde und sagte deshalb nichts. Ich begnügte mich damit, ihr die Hand zu geben und ihr freundlich zuzunicken.

Annes fünfzigster Geburtstag war für das deutsche Fernsehen Anlaß, einen Dokumentarfilm über sie zu drehen. Es erschien mir gut, daß in Deutschland etwas über die Nazizeit gezeigt werden sollte – damals passierte so etwas erst selten – und ging auf die Bitte ein, daran mitzuarbeiten. Hinzu kam, daß Herr Frank und Miep Gies auch darin vorkommen sollten, und obwohl ich mich soweit wie möglich aus der Öffentlichkeit heraushalten wollte, fand ich, daß ich dazugehörte. Die Interviews wurden in der Dokumentation zwischen Aufnahmen von Proben des Theaterstücks von *Das Tagebuch der Anne Frank* mit einer Gruppe von deutschen Schülern gesendet. Plötzlich sagt ein ungefähr achtzehnjähriges Mädchen zum Thema Judenverfolgung: »Warum hat man uns davon nichts erzählt, sind unsere Eltern denn alle Lügner?« Ich war froh, daß ich an diesem Film mitgearbeitet hatte.

20. August 1980. Das Radio lief, und ich hörte in den Nachrichten: »Otto Frank, der Vater von Anne Frank, dem Mädchen, das im Krieg das mittlerweile weltberühmte Tagebuch geschrieben hat, ist in seinem Wohnort Basel

gestorben.« Das war kein Schock. Im Monat zuvor hatte ich in Basel noch an seinem Krankenbett gesessen und gewußt, daß es das letzte Mal sein würde, daß ich ihn sah.

Ruud war zu dem Zeitpunkt auf Reisen. Ich hatte Bedenken, allein mit dem Zug oder mit dem Auto nach Basel zu fahren, aber trotzdem wollte ich hin. Während ich noch darüber nachdachte, bekam ich einen Anruf von der Anne-Frank-Stiftung. Sie hatten ein Flugzeug gechartert, und glücklicherweise hatte Miep Gies daran gedacht, mich auf die Liste der Leute zu setzen, die mitfahren sollten, um an der Trauerfeier teilzunehmen. Die Gruppe flog nach Basel, und alle Zeitungen berichteten ausführlich darüber.

Nachdem alles vorbei war, gingen wir mit Frau Frank nach Hause. Ich stand in einer Ecke und sah mir das gesellige Treiben an, das meistens bei solchen Gelegenheiten herrscht, als sie mit einer Schweizer Bekannten auf mich zu kam. »Das ist Jopie.« »Oh, das ganze Tagebuch ist hier«, rief sie überrascht. »Nur die, die nicht gestorben sind«, antwortete ich mit einem Lächeln. Danach sagte mir Frau Frank, daß sie eine Aufnahme von Otto hätte, die sie eigentlich hatte abspielen wollen, aber daß sie die Stimmung nicht zerstören wollte. Ich sagte: »Otto ist der Anlaß unserer Zusammenkunft.«

Etwas später saßen wir alle da und lauschten der Stimme von Herrn Frank. Er erzählte seine Lebensgeschichte, wie er sie kurz zuvor in einer Baseler Schule vorgetragen hatte. Ich hatte seinen Lebenslauf schon öfter gehört und gelesen, aber plötzlich fiel mir auf, mit wieviel Stolz er berichtete, daß er Offizier in der deutschen Wehrmacht gewesen war. Es war im Ersten Weltkrieg, also vor der Nazizeit gewesen, aber ich konnte es nicht begreifen: Dasselbe Land hatte ihm soviel Leid angetan. Dieses Phänomen habe ich bei deutschen Juden öfter bemerkt.

Engagement

Mai 1982. Die Anne-Frank-Stiftung bestand seit fünfundzwanzig Jahren. Im Anne-Frank-Haus war eine Versammlung, und ich saß wieder in dem vertrauten kleinen Saal und hörte mir die Reden an. Ich mußte daran denken, wie sehr Anne das gefallen hätte, all diese Aufmerksamkeit für ihre kleine Person. In einer Gefühlswallung sprach ich mit einem Mitglied des Stiftungsvorstands darüber. Sie hatte mich nicht sofort erkannt, und ich erinnerte sie daran, daß wir zwei Jahre zuvor zusammen zum Tinguely-Brunnen gegangen waren – wenn ich in Basel bin, gehe ich meistens einmal kurz dort vorbei – und dann wußte sie wieder, wer ich war. Sie war allerdings wegen meiner Bemerkung verstimmt und sagte: »Wir dürfen nicht nur an Anne denken, es sind so viele Kinder umgekommen.« Ich antwortete nicht, ich kannte diese Art von kratzbürstiger Reaktion schon, aber ich dachte doch: Hier, in diesem Haus, an diesem Tag, an dem jeder ständig Annes Namen auf den Lippen trägt, dürfen wir doch wohl kurz bei dem Kind Anne Frank verweilen. Durch sie ist das Leid, das so vielen Kindern angetan wurde, greifbar geworden.

Etwas weiter weg sah ich Miep und Jan Gies stehen. Ich mußte daran denken, was Miep mir einmal erzählt hatte und was ich damals nicht verstanden hatte: Sie empfingen regelmäßig unfreundliche Briefe von Leuten, die der Meinung waren, daß sie zuviel Aufmerksamkeit bekämen, während sie selbst auch im Krieg viel Gutes getan hätten. Zufällig hatte Miep Anne Frank geholfen und zog dadurch viel Interesse auf sich. Sie war eigentlich auch ein Symbol geworden, aber wie bescheiden sie sich trotz allem auch verhielt, die Briefe kamen weiterhin.

Ein wichtiges Ereignis war die Eröffnung der Ausstellung »Die Welt der Anne Frank« 1985 in Amsterdam. Die Königin war auch dabei, und ich wurde ihr vorgestellt, ebenso die Schwestern B..
Lin Jaldali, eine der Schwestern, trug ein Fragment aus ihrem Theaterprogramm »Für Anne Frank« vor, in dem sie von den letzten Stunden Annes erzählt. Danach sang sie, zusammen mit ihrem Mann und ihren Kindern, jiddische Lieder. Ich dachte daran, wie toll Anne es gefunden haben würde, daß ich wegen ihres Buches der Königin vorgestellt wurde.

Im Sommer 1987 wurde ich noch einmal stark mit der Vergangenheit konfrontiert. Ich bekam Nachricht aus Amerika, daß ein Filmteam in die Niederlande käme, um einen Film mit Leuten zu drehen, die Anne gekannt hatten. Weil ich zu der Zeit, zu der sie in Europa waren, im Urlaub in Italien war, kamen sie dorthin, um mich zu interviewen. Trotzdem wollten sie mit mir noch verschiede-

ne Orte in Amsterdam besuchen, die in Bezug zu Anne standen. Das passierte ein paar Wochen später.
Zum ersten Mal stand ich wieder im Haus am Merwedeplein. Es war fünfundvierzig Jahre danach. Ich fragte die Frau, die nun dort wohnte, ob sie wüßte, welches Annes Zimmer gewesen war. Ich hatte in dem Moment keine Ahnung. Wir hatten meistens im Wohnzimmer gespielt, an das ich mich noch gut erinnerte. Auch an die Küche erinnerte ich mich, wo Anne immer um vier Uhr Butterbrote geschmiert und wo sie Moortje, ihre Katze, gefüttert hatte. Die Küchenschränke waren noch da, obwohl sie von außen mit Holzpaneelen verkleidet worden waren und man sie nicht mehr sehen konnte. Die Frau zeigte mir ein kleines Nebenzimmer. Ich nickte, aber das Zimmer sagte mir nichts. Als wir wieder hinausgingen, wußte ich es auf einmal: Das konnte nicht Annes Zimmer gewesen sein. Wenigstens nicht zu der Zeit, als ich sie kannte. Ich sah es wieder vor mir, Annes ungemachtes Bett, die neuen Schuhe mit den Holzlamellen davor, am Tag, als ich mit Lies im verlassenen Haus der Familie Frank gewesen war, am Tag, nachdem sie verschwunden waren. Das Bett hatte an der Wand rechts neben der Tür gestanden. Das ging in dem kleinen Zimmerchen nicht, dort war kein Platz an der Seite neben der Tür. Da wußte ich wieder, welches das Zimmer von Anne gewesen war.
Danach gingen wir zur Schule in den Stadstimmertuinen, wo, wenn man von der Amstel aus durch das kleine Tor geht, die Schule an der linken Straßenseite liegt. Wir kamen auf den Schulhof. Erinnerungen, die ich immer verdrängt hatte, überfielen mich. Ein Schulhof voller Kinder,

der im Laufe des Jahres immer leerer wurde. Die Klassenzimmer hatten sich zu sehr verändert, die sagten mir nichts mehr. Der Gymnastikraum war derselbe geblieben. Ich erzählte dort von dem Schuljahr, das ich mit Anne verbracht hatte. Auch schöne Erinnerungen stiegen in mir hoch. Später machten wir einen Spaziergang von unserem alten Haus in der Hunzestraat zum Haus von Anne am Merwedeplein. Ich zeigte ihnen die hebräischen Buchstaben am Giebel der Synagoge in der Lekstraat, die dort während des ganzen Krieges gestanden hatten, von den Deutschen übersehen. Ich hatte sie damals oft angeschaut: Stille Zeugen des jüdischen Lebens in diesem Viertel vor dem Krieg, das dann total ausgelöscht worden war.

In der Hunzestraat zeigte ich ihnen das Haus von Miep und Jan Gies, und unterwegs machte ich sie auf die Buchhandlung an der Ecke aufmerksam, wo Annes kariertes erstes Tagebüchlein gekauft worden war. Ich wußte inzwischen schon, was die Leute hören wollten, und wie immer fanden sie alle Details interessant.

Sie wollten auch noch zum Eissalon Oase gehen, aber dafür war keine Zeit mehr. Ich war im Laufe der Jahre schon ab und zu dort gewesen, mit Leuten, die auf den Spuren von Anne durch das Viertel gehen wollten. Wir hatten dann eine Tasse Kaffee getrunken, und meine Begleiter hatten sich umgeschaut und sich vorgestellt, daß Anne auch dort gesessen hatte. Die Situation war allerdings eine andere. Nicht nur hatte man das Interieur nach dem Krieg völlig verändert, wir hatten dort auch nie drinnen gesessen. Die jüdischen Jungen und Mädchen aus der Nachbarschaft trafen sich dort; es war ein soziales Treffen, das sich auf der Treppe abspielte. Man holte sich kurz ein Eis und aß es dann draußen im Stehen auf. Manchmal bekamen wir ein Eis spendiert:

Montag abend traf ich noch Herrn van Pels, der Jacque, Lies, Ilse und mir noch ein Eis spendierte, danach trafen wir bei Oase auch noch Herrn Bernhardt, der mir auch noch ein Eis spendierte. (30. Juni 1942)

Das Herr van Pels später »Herr van Daan« werden würde, der Vater von »Peter van Daan«, wußte ich damals noch nicht. Für mich war es nur ein entfernter Bekannter von Annes Vater.
Im Sommer 1943 stand niemand mehr auf der Treppe vor dem Eissalon Oase.

Während wir durch die Lekstraat liefen, mußte ich an einen Mann denken, dem ich zwei Jahre vorher im Kaufhaus Bijenkorf begegnet war. Es waren damals, vierzig Jahre nach dem Ende des zweiten Weltkrieges, viele Bücher über den Krieg erschienen, und wir blätterten beide in einem Buch über Sobibor.
Plötzlich sprach er mich an. »Meine Frau ist da umgekommen«, sagte er. »Wir wohnten damals in der Lekstraat, und sie ist von den Deutschen abtransportiert worden. Sie war noch so jung. Wir waren jung verheiratet, kurz vor dem Inkrafttreten der Rassegesetze, die das verboten. Ich bin noch in die Euterpestraat gegangen, um um ihre Freilassung zu flehen. Ich geriet dort in eine Schlägerei. Ich wurde getreten und geschlagen, »Judenfreund«

wurde mir nachgerufen, bis ich blutend zur Tür hinaustaumelte. Mein Schienbein war gebrochen.« »Haben Sie später wieder geheiratet?« fragte ich neugierig. Ich hoffte heimlich auf ein gutes Ende. »Nein, ich habe nie mehr geheiratet,« antwortete er, »ich konnte sie nicht vergessen.« Ich legte meine Hand auf den Arm dieses unbekannten Mannes, und so standen wir da und sahen uns sekundenlang in die Augen, mitten in der Menge in der Bücherabteilung des Bijenkorf, in der wir kurz darauf verschwanden, jeder in eine andere Richtung.

Als das Filmteam weg war, konnte ich drei Tage lang nicht sprechen. Meine Stimme hatte versagt. Ich nahm mir vor, nicht mehr an die Öffentlichkeit zu treten. Ich hatte im Laufe der Zeit immer öfter nachgegeben. In erster Linie, um die Echtheit des Tagebuches zu beweisen, indem ich die Menschen mit der Wirklichkeit konfrontierte, aber auch, weil ich fand, daß ich dazugehörte, wenn auch andere, wie Miep oder Lies, das Wort ergriffen.
Es sollte allerdings anders kommen, und durch bestimmte Entwicklungen sollte ich selbst mehr denn je in die Öffentlichkeit geraten.

Ein böses Nachspiel

Als ich Herrn Franks zweite Frau kennenlernte, wurde nicht darüber gesprochen, ob sie oder ihre Tochter Eva Anne einmal getroffen hatten. Eva war 1940 an den Merwedeplein gezogen und sie war im selben Alter, aber der Platz war groß und sie ging nicht mit Anne in die Grundschule. In der ersten Zeit nach dem Krieg wurde Eva nie in Verbindung mit Annes Freundeskreis gebracht. In dieser Zeit verkaufte sich *Das Tagebuch der Anne Frank* nur schleppend, und niemand hatte bis dahin Interesse daran, »Spielkamerad«, »Freund« oder »Schulkamerad« von Anne gewesen zu sein. Es dauerte noch einige Jahre – und dann passierte es sogar mehrmals – bis ich Frau Frank bedauernde Bemerkungen darüber machen hörte, daß Eva in der Grundschule eine Klasse zurückgestuft worden war und deshalb nicht mit Anne in der ersten Klasse des Jüdischen Lyzeums gewesen war. Sie fügte noch hinzu, daß sie auf der Straße mit einer anderen Gruppe von Mädchen gespielt hatte, die weniger erwachsen waren als die Gruppe um Anne.

Ich war erstaunt darüber, daß unsere Gruppe von Freundinnen als »erwachsen« bezeichnet wurde. Wir waren normale Kinder von zwölf, dreizehn Jahren. Vielleicht spielte sie auf Annes rasches Erwachsenwerden in der Zeit an, als sie im Versteck gelebt hatte, wofür ihr Tagebuch ein Beweis war. Anne sprach in dieser Zeit hauptsächlich mit Erwachsenen, vor allen Dingen mit ihrem Vater, und las viel, was in ihren Aufzeichnungen deutlich zum Ausdruck kommt.

In den Anfangsjahren hatte ich schon gehört, daß Heinz, Evas umgekommener Bruder, der ein paar Jahre älter war, auf dem Jüdischen Lyzeum gewesen war. Ich selbst hatte Eva während des Krieges nie gesehen, obwohl ich andauernd in Gesellschaft von Anne am Merwedeplein oder in der Nähe davon gewesen war und jeden aus Annes Umgebung kannte.

1986 las ich auf einmal in der Zeitung, daß Eva Schloss, »Spielkameradin« von Anne Frank, die Ausstellung »Die Welt der Anne Frank« in London eröffnet hatte. Laut dieses Zeitungsartikels sollte sie »die echte Welt der Anne Frank« repräsentieren. Im Programm der Anne-Frank-Stiftung war sie auch als Spielkameradin genannt worden. Ich dachte, daß vielleicht ein journalistischer Fehler unterlaufen war, allerdings machte mich der Satz aus dem Programm nachdenklich. Meiner Meinung nach war es eine heikle Angelegenheit, und ich sprach mit niemandem darüber, auch nicht mit Frau Frank, mit der mich, auch nach dem Tod von Herrn Frank, eine echte Freundschaft verband. Sie war inzwischen dem Kuratorium der Anne-Frank-Stiftung und dem Vorstand des Anne-Frank-Fonds in Basel beigetreten, der die Urheberrechte des Tagebuches kontrolliert und die Einnahmen verwaltet.

Kurze Zeit später bat mich eine Frauenzeitschrift um ein Interview über Anne. Anfang Mai 1986, zum Anlaß des Gedenkens an die Befreiung der Niederlande, sollte es gedruckt werden. Ich stimmte zu. Ich überlegte, daß ich mich vor der Außenwelt hinter dem Namen Jopie verbergen könnte. Ich fand, daß es eine gute Gelegenheit wäre, einmal etwas über die vermeintlichen »Freundschaften« mit Anne zu sagen. Ich meinte also nicht nur Eva, als ich unter anderem sagte: »Die vielen Leute, die schon zu mir gesagt haben: ›Ich war bei Anne in der Klasse‹ oder ›Ich war eine Freundin von Anne Frank‹, obwohl ich sicher weiß, daß es nicht so war .... ich kann sie nicht verstehen. Diese Zeit ist mir noch so bewußt, als sei es gestern gewesen, ich weiß, ob es so war oder nicht.« Die junge Frau, die mich interviewte, hatte sich gut in das Thema eingearbeitet, und ich sprach offener, als ich es bis dahin je getan hatte.

Im Zusammenhang mit diesem Interview wurde ich von einer Mitarbeiterin von Sonja Barend, einer bekannten Fernsehmoderatorin, angerufen, mit der Bitte, in ihrer Talkshow im Fernsehen aufzutreten. Ich hatte keine Lust dazu, aber als sie mir erzählte, daß noch eine andere Freundin käme, nämlich Eva Schloss, sagte ich trotzdem zu.

Wegen der Werbung für *Die Tagebücher der Anne Frank* – die wissenschaftliche Ausgabe –, herausgegeben vom Reichsinstitut für Kriegsdokumentation, sollten der Direktor des RIOD, Frau Frank als Witwe von Otto Frank und Eva als Freundin von Anne in der Sendung von Sonja etwas darüber erzählen. Wegen des eben genannten Interviews wurde ich nun auch eingeladen. Weil ich am Telefon schon impulsiv gesagt hatte: »Eva Schloss war keine Freundin von Anne Frank«, habe ich später noch die Bedingung gestellt, daß darüber während der Sendung nicht gesprochen werden sollte. Sonja Barend kündigte am Anfang wohl noch kurz an: »es kommen zwei Freundinnen von Anne Frank«, aber ich war der festen Absicht, nicht darauf einzugehen. Es blieben noch genug andere Themen, zu denen man mich fragen konnte. Ich wurde in diesem Buch immerhin ein paar Dutzend Mal von Anne erwähnt. Eva sprach einige Gemeinplätze aus.

Obwohl diese sogenannte Freundschaft mit Anne mir widerstrebte, beschloß ich, mich nicht einzumischen. Auch bei dieser Gelegenheit sprach ich also nicht mit Frau Frank oder Eva darüber und verbannte die Gedanken daran aus meinem Kopf.

Lies kam aus Israel, wo sie jetzt lebt, in die Niederlande, für Aufnahmen zu dem Dokumentarfilm »Die letzten sieben Monate« von Willy Lindwer. Wir trafen uns zum ersten Mal nach vierzig Jahren wieder. Das letzte Mal, als ich sie gesehen hatte, lag sie mit einer schweren Krankheit im Krankenhaus, die sie sich im Konzentrationslager geholt hatte.

Die vierzig Jahre waren sofort überbrückt. Wir tauschten Erinnerungen aus, und sie zeigte mir alte Photos. Auf einem Photo hält sie ihre jüngere Schwester auf dem Arm. Ich erkannte die Jacke, die sie anhatte, und erzählte ihr,

daß ich mich daran erinnerte, daß sie sie trug, als ihre Mutter gestorben war, kurz bevor sie abtransportiert wurden. Es war damals ein Riß* darin, und ich hatte das schade um die schöne Jacke gefunden. Dies war wahrscheinlich der Grund dafür, daß ich mich noch so gut daran erinnerte.
Auf einmal dachte ich daran, daß ich sie doch einmal fragen müßte, ob sie Eva jemals am Merwedeplein gesehen hatte. Lies hatte von klein auf bei Anne um die Ecke gewohnt, mit Anne gespielt und sie war mit ihr auf die Montessori-Schule gegangen. Sie antwortete, daß auch sie Eva nicht von früher her kannte. Als ich ihr von den jüngsten Entwicklungen berichtete, nahm sie es ziemlich gelassen auf: »Anne lacht da oben im Himmel über all die ›neuen‹ Freunde, die sie nie gekannt hat.«

»Die letzten sieben Monate« bekam in Amerika den Emmy Award. Ich wunderte mich nicht darüber. Es war die eindringlich erzählte Geschichte von sechs Frauen, die von ihren letzten Kriegsmonaten im Konzentrationslager berichteten. Auf die eine oder andere Weise waren sie dort alle mit Anne in Kontakt gekommen. Eine der Schwestern B. war auch dabei und erzählte ihre Geschichte.
Willy Lindwer lud Ruud und mich zu der Party ein, die er anläßlich dieser Auszeichnung gab. Inzwischen war das Buch, das Eva mit der Hilfe einer Journalistin über ihre Erfahrungen im Lager geschrieben hatte, in England erschienen. Ich hatte schon gehört, daß es mit dem Vermerk

---

* Jüdischer Brauch während der Trauer

»Freundin von Anne Frank« auf den Markt gekommen war. Auf der Party sprach ich eine Mitarbeiterin der Anne-Frank-Stiftung darauf an. Sie erzählte mir dann, daß sie auch wüßte, daß Eva Anne nie gesehen hatte. Ich war beruhigt: Die Stiftung wußte davon und würde schon alles entsprechend in die Wege leiten.

Dann erschien das Buch in der niederländischen Übersetzung. Es stand alles mögliche über Anne darin. Ich las auch, daß Heinz, Evas Bruder, mit Margot befreundet gewesen sein sollte. Er sollte auch Hausaufgaben mit ihr gemacht haben. Davon hatte ich noch nie etwas gehört. Ich fragte Jetteke danach, Margots beste Freundin. Sie erzählte mir, daß Heinz nicht bei ihnen in der Klasse gewesen war, von Hausaufgaben wußte sie nichts, er gehörte nicht zu ihrem Freundeskreis und sie konnte sich überhaupt nicht an ihn erinnern, obwohl sie doch täglich mit Margot zusammen gewesen war, so wie ich mit Anne.

Jetteke beschrieb es in einem Brief an mich folgendermaßen:

»... und von einer Freundschaft zwischen ihm und Margot ist mir absolut nichts bekannt. Wenn es wirklich so gewesen wäre – dann hätte mir Herr Frank ganz bestimmt etwas davon gesagt, als ich mit ihm nach dem Krieg gesprochen habe – ob bevor oder nachdem er seine zweite Frau kennengelernt hatte, er hätte uns doch etwas von diesem zufälligen Zusammentreffen der Umstände erzählt.«

Ich wußte nicht, was ich tun sollte. Ich wollte nicht lautstark in den Vordergrund treten, aber ich war doch der Meinung, daß ich etwas unternehmen müßte. Ich wollte weder die Stiftung, die Eva als »Freundin« Ausstellungen eröffnen ließ, noch den Namen Anne Frank wegen eines ordinären Streits um eine vermeintliche Freundschaft in den Schmutz ziehen. Mir selbst würde kein Schaden daraus entstehen, wenn ich der Sache ruhig ihren Lauf ließe. Im Gegenteil. Wenn ich mich einmischen würde, könnte ich die Wut von anderen auf mich ziehen. Immerhin würde ich die Holocaustgeschichte von Eva anzweifeln.

Ich sprach mit Freunden und Bekannten darüber, kam damit aber auch nicht weiter und war weiterhin im Zweifel. Eines Nachmittags war ich bei einer Freundin und noch eine andere Freundin, Floor, kam bei ihr vorbei. Mit den beiden sprach ich über meinen inneren Zwiespalt.

Floor sprang auf. »Sind die völlig verrückt geworden bei dieser Stiftung!« rief sie. »Du mußt sofort zu ihnen gehen und ihnen sagen, daß du dich um die Sache kümmerst, wenn sie es nicht tun.« Ihre Heftigkeit erschreckte mich. Ich dachte an Anne. Sie hätte auch so reagiert. Sie hätte nicht gelacht, wie Lies gemeint hatte, sie wäre genauso empört gewesen wie ich. Aber sie hätte bestimmt sofort etwas unternommen. Durch das, was Floor gesagt hatte, wurde mir klar, daß ich mich nun nicht mehr drücken konnte. Ich schrieb einen Brief an die Stiftung. Ich schrieb alle Zitate aus Evas Buch heraus, die meiner Meinung nach nicht richtig waren, und kommentierte sie. Ich erklärte, daß sie ohne viel Aufhebens dafür sorgen könnten, daß Eva die monierten Passagen aus dem Buch nähme, und daß sie Eva nicht mehr in ihrem Auftrag als Freundin von Anne auftreten lassen sollten. Wochen später kam die Antwort: Die Anne-Frank-Stiftung hätte »keinen Grund, an der persönlichen Integrität von Fritzi Frank und Eva

Schloss zu zweifeln«, und was die Bemerkung der Mitarbeiterin mir gegenüber beträfe, so könnte »sie sich nicht vorstellen, etwas Derartiges gesagt zu haben.«
Ich beschloß, weiter zu gehen, und antwortete, daß ich jetzt selbst Schritte unternehmen würde. Ein paar Wochen danach stand ein Interview mit mir in *Vrij Nederland,* in dem ich die Angelegenheit an die Öffentlichkeit brachte. Erst erzählte ich von meiner Freundschaft mit Anne, um meinen eigenen Hintergrund deutlich zu machen, und zum Schluß äußerte ich meine Empörung über die Ausbeutung des Namens von Anne.
In der folgenden Nummer des Wochenblattes war ein Brief der Anne-Frank-Stiftung abgedruckt. In derselben Woche hatte ich einen Brief von ihnen bekommen mit der Kopie eines Lebenslaufs von Otto Frank, enthalten in einem Brief an die Stiftung von 1975. Darin fand sich der Satz: »Eva, die im selben Alter war wie Anne, kannte sie und sie spielten manchmal zusammen auf dem Platz.« Dieser Satz kam auch in dem Brief an die Zeitung vor. Später erfuhr ich noch, daß Otto Frank schon 1959 in einem Brief geschrieben hatte, daß Anne und Eva oft miteinander gespielt hätten.
Es war mir ein Rätsel. Warum hatte Annes Vater nie mit mir darüber gesprochen? Vor einigen Jahren hatte ich schon überrascht die Geschichte von Fritzi gehört, nach der sie Anne einmal bei einer Schneiderin gesehen hätte. Ich stellte eine große Ähnlichkeit zwischen dieser Geschichte und der Geschichte meiner Mutter fest. Auch in Evas Buch kam sie vor, in dieser Version war sie selbst dabei gewesen.

Ich beschloß, meinen Kampf aufzugeben. Ich schickte eine Kopie meines Briefes an die Stiftung mit Datum vom 27.Juni 1989, in dem ich der Stiftung die ganze Situation erklärt hatte, an das Reichsinstitut für Kriegsdokumentation, das mir den Empfang einige Wochen später bestätigte. Das einzige, was ich jetzt noch tun konnte, war, meine eigene Geschichte zu erzählen, alles aufzuschreiben, so wie ich es gesehen, gehört und erlebt hatte. Es ging mir nicht darum, mich vor der Anne-Frank-Stiftung zu rechtfertigen, es ging mir um historische Gerechtigkeit. Ich hatte dies in der Vergangenheit nie tun wollen, aber nun wurde ich von den Umständen dazu gezwungen. Es war eine schwierige Entscheidung. Ich würde mich nun selbst an dem Anne-Frank-Kult beteiligen, den ich jahrelang mit gemischten Gefühlen beobachtet hatte.
Mit einem anderen Aspekt dieses Kultes sollte ich im Zusammenhang mit dieser Angelegenheit nun auch zu tun bekommen. Ich sollte nach Amerika gehen, wo ich mich anschauen, umarmen, photographieren und feiern lassen würde, und wo jeder an meinen Lippen hängen würde, wenn ich von meiner Freundschaft mit Anne Frank erzählte.

Besinnung

Mai 1989. Die niederländische Übersetzung von *Eva's Story* wurde im Anne-Frank-Haus vorgestellt. Ich saß in dem kleinen Saal. Obwohl ich in einer Wochenzeitung schon das eine oder andere darüber gelesen hatte, neben das ich Fragezeichen gesetzt hatte, hatte ich Eva noch freundlich zugenickt, als sie zum Rednerpult hochstieg, um ein Stück daraus vorzulesen. Schulkinder lasen Aufsätze vor, die sie als Reaktion auf das Buch geschrieben hatten. Zum Schluß spielte ein Streichensemble israelische Musik.

Frau Frank hatte mir schon ein paar Tage vorher erzählt, daß Eva am 12. Juni in New York sein würde und dort in einer Kirche eine Ansprache halten würde, bei einer Feier anläßlich des Gedenkens an Annes sechzigsten Geburtstag. Später las ich in amerikanischen Veröffentlichungen, daß Eva dort wieder als Freundin von Anne Frank aufgetreten war. Die wissenschaftliche Ausgabe des RIOD war in der Übersetzung in Amerika erschienen, ebenso die amerikanische Ausgabe von *Eva's Story.* Die Präsentation und die Promotion sollten dort in Anwesenheit von Eva stattfinden. Außerdem sollte Eva die Ausstellung »Anne Frank in the World« eröffnen.

Ich beabsichtigte immer noch nicht, an dieser Situation etwas zu ändern. Wohl sprach ich Miep Gies deswegen an, als wir uns zum Schluß kurz unterhielten. Ich sprach noch nicht über den Inhalt des Buches – ich hatte es noch nicht gelesen –, aber ich äußerte meine Enttäuschung darüber, daß man man mich weder gebeten hatte, bei der Gedenkfeier in New York dabei zu sein, noch bei der Präsentation des Buches des RIOD, obwohl ich an diesem Buch sehr viel beigetragen hatte.
Miep antwortete sofort: »Du gehörst dahin, nicht Eva.« Sie ging weg und kam mit einem Mitarbeiter der Anne-Frank-Stiftung wieder, der die Ausstellungen in der ganzen Welt organisierte. Er sagte: »Ich wußte nicht, daß Sie das wollten.« Er meinte das Eröffnen von Ausstellungen. Das stimmte schon, aber man hatte mich nie danach gefragt. Das Ergebnis war, daß ich einige Zeit später eingeladen wurde, nach Nevada zu gehen, um dort zwei Wochen lang vor Schulkindern zu sprechen. Die Kinder hatten das Tagebuch von Anne gelesen und waren von ihren Lehrern anläßlich der Ausstellung, die inzwischen von New York nach Nevada gereist war, über die Nazizeit unterrichtet worden. Ich wollte das schon einmal mitmachen und stimmte zu. Für die Gedenkfeier in New York bekam ich keine Einladung.

Ende September reiste ich mit Ruud nach Amerika. Es war eine ermüdende und interessante Reise. Zweimal am Tag sprach ich vor Schulkindern. Ich hatte einen Vortrag vorbereitet, in dem ich einige Erklärungen über die Nazizeit im allgemeinen und über meine Freundschaft mit Anne im besonderen gab. Den Rest der Schulstunde konnten Fragen gestellt werden. Zurückhaltend war ich nicht mehr, sie durften alles fragen. Sogar die Szene mit den Brüsten kam zur Sprache. Wenn das Untertauchen zur Sprache kam, ließ ich Ruud seine eigene Geschichte erzählen, so daß sich die Kinder auch ein Bild von einer anderen Art des Unterzutauchens in dieser Zeit machen konnten. Es war eine besondere Erfahrung für mich festzustellen, wie interessiert die Kinder an allem waren, was sich im Krieg abgespielt hatte. Indem ich persönlich anwesend war, erweckte ich für sie ein Stück Geschichte zum Leben und machte Annes Geschichte zur Wirklichkeit. Es gab gut durchdachte und lustige Fragen. Ein schwarzer Junge fragte, ob die Diskriminierung von Juden dasselbe wäre wie die Diskriminierung von Schwarzen in Amerika. Ein anderer wollte wissen: Warum seid ihr denn nicht einfach in einem Flugzeug weggeflogen? Zum Schluß kamen Kinder zu mir wegen eines Autogramms oder um noch kurz mit mir zu sprechen. Ein kleiner blonder Junge erzählte mir, daß seine Großeltern in Auschwitz gewesen waren, und er zeigte auf seinen Arm und sagte, daß sie da eine Nummer hätten. Sie waren nach dem Krieg nach Amerika gegangen und seine Mutter war dort geboren worden. An einer Schule traf ich »Jopie«, »Miep«, »Margot« und »Peter«. Die Kinder hatten im vorigen Jahr ein Theaterstück aufgeführt. Vor allen Dingen das Mädchen, das Jopie gespielt hatte, fand es schön, mit mir photographiert zu werden. Ich fand es auch schön.

Auf der Straße wurde ich erkannt und angesprochen. Kinder und Lehrer umarmten mich, oft mit Tränen in den Au-

gen. Ich spürte nun am eigenen Leib, welchen Eindruck die kurze Lebensgeschichte von Anne auf sie gemacht hatte.
An einem Freitagabend sollte ich in der Synagoge sprechen. Genau wie an den Schulen hörte man mir atemlos zu. Es war ein besonderes Erlebnis für mich, um so mehr, weil ich es nicht mag, vor Publikum zu sprechen. Ich war aber angenehm überrascht darüber, wie leicht es ging.
Wir machten noch einen Fundraising Lunch der örtlichen Jewish Federation mit. Es war interessant zu sehen, wie so etwas organisiert wird: »Jetzt kommen endlich russische Juden aus Rußland frei, aber es muß auch Geld da sein, um sie aufzunehmen.« Der Gouverneur des Staates Nevada war auch dabei, und ich wurde ihm vorgestellt als die Freundin von Anne Frank.
Wenn die »Arbeit« getan war, wurden Ruud und ich zu Partys, Dinners und Shows eingeladen; wir wurden in einem Privatflugzeug zum Grand Canyon geflogen.
Die örtlichen Zeitungen und das Fernsehen berichteten über unseren Besuch und einmal wurde unser Auftritt vom Schulfernsehen aufgezeichnet: Wir hatten zwar in zehn Tagen zwanzig Schulen besucht und vor ungefähr dreitausend Kindern gesprochen, aber es hatte noch viele Anfragen von Schulen gegeben, denen abgesagt werden mußte und die uns jetzt in dem Film sehen konnten. An den zwanzig Schulen Reden zu halten war eigentlich schon etwas zuviel für mich. Nachdem ich ein paar Mal meine eigene Rede gehört hatte, fing sie an, mich zu langweilen. Ich sehnte mich nach Amsterdam, nach der Stille meines Buchbindeateliers.

Zweimal gab mir ein Lehrer eine Reihe von Briefen, die die Schüler der Klasse, die ich besucht hatte, an mich geschrieben hatten. Ein Teil eines dieser Briefe folgt in Übersetzung:
»Anne Frank war jemand ganz besonderes. Es war grausam, was sie getan haben. Hitler war sehr schlecht. Es ist schlimm, wenn man seine beste Freundin vermissen muß. Wenn Sie mit jemandem sprechen wollen, rufen Sie die Nr. 7483 an. Das ist die Telefonnummer von meiner Großmutter. Sie findet Anne Frank ganz toll. Sie ist auch sechzig Jahre alt. Sie hofft, Sie einmal zu treffen. Wenn Sie sie anrufen, dann sagen Sie, daß Sie Annes beste Freundin sind. Dann weiß sie schon Bescheid. Aber Sie brauchen es auch nicht zu tun, wissen Sie.«
In der Euphorie dieses Augenblicks, einem Gefühl, das mich durch die Ereignisse der letzten Tage überfallen hatte, dachte ich, als ich ins Hotel zurückkam: Machen wir der Frau doch heute eine Freude und rufen sie an.
Ich ging zum Telefon und fing an, die Nummer zu wählen, aber auf einmal dachte ich daran, was eine der Schwestern B. erzählt hatten: »Und dann, dann war Anne auch tot. Wir wickelten sie in eine Decke, und so legten wir sie in das stinkende Massengrab ...«
Ich fragte mich: Was tue ich da, was werde ich dieser Frau erzählen?
Vorsichtig legte ich den Hörer auf.

Epilog

Als ich damals, 1990, dieses Buch schrieb, war ich mir noch nicht darüber im klaren, daß es mittlerweile zahlreiche Profis gibt, die mit Publikationen über den Zweiten Weltkrieg Geld verdienen. An und für sich ist dagegen nichts einzuwenden. Diese Leute leisten sinnvolle Arbeit, deren Ziel die Bekämpfung von Vorurteilen, Diskriminierung und Unterdrückung ist.

Während ich jedoch Anne Frank entmythologisierte, brauchten sie gerade den Mythos Anne Frank für ihre Arbeit, und wo für mich die Grenzen für den Gebrauch von Annes Namen erreicht waren, gab es für sie Gründe, diese Grenzen zu überschreiten.

Daraus entstand ein Konflikt und schließlich eine Konfrontation, in der ich für historische Gerechtigkeit eintrat, und der dieses Buch seine Entstehung verdankt.

Jacqueline van Maarsen